행복을 부르는
법화경 사경 4

행복을 부르는
법화경 사경 4

혜조 惠照 譯

운주사

묘법연화경 제一권	제1 서품	9
	제2 방편품	111
묘법연화경 제二권	제3 비유품	7
	제4 신해품	170
묘법연화경 제三권	제5 약초유품	7
	제6 수기품	49
	제7 화성유품	95
묘법연화경 제四권	제8 오백제자수기품	7
	제9 수학무학인기품	64
	제10 법사품	95
	제11 견보탑품	148
	제12 제바달다품	213
	제13 권지품	256
묘법연화경 제五권	제14 안락행품	7
	제15 종지용출품	87
	제16 여래수량품	155
	제17 분별공덕품	205
묘법연화경 제六권	제18 수희공덕품	7
	제19 법사공덕품	39
	제20 상불경보살품	113
	제21 여래신력품	150
	제22 촉루품	178
	제23 약왕보살본사품	190
묘법연화경 제七권	제24 묘음보살품	7
	제25 관세음보살보문품	58
	제26 다라니품	108
	제27 묘장엄왕본사품	139
	제28 보현보살권발품	181

제	팔		오	백	제	자	수	기	품
第	八		五	百	弟	子	受	記	品
차례 제	여덟 팔		다섯 오	일백 백	아우 제	아들 자	받을 수	기록할 기	가지 품

이	시		부	루	나		미	다	라
爾	時		富	樓	那		彌	多	羅
그 이	때 시		부자 부	다락 루	어찌 나		두루찰 미	많을 다	새그물 라

니	자		종	불	문	시		지	혜
尼	子		從	佛	聞	是		智	慧
여승 니	아들 자		좇을 종	부처 불	들을 문	이 시		슬기 지	지혜 혜

방	편		수	의	설	법		우	문
方	便		隨	宜	說	法		又	聞
처방 방	편할 편		따를 수	마땅할 의	말씀 설	법 법		또 우	들을 문

수	제	대	제	자		아	뇩	다	라
授	諸	大	弟	子		阿	耨	多	羅
줄 수	모든 제	큰 대	아우 제	아들 자		언덕 아	김맬 누(녹)	많을 다	새그물 라

제8 오백제자수기품
그때 미다라니의 아들 부루나는 부처님으로부터
지혜로운 방편으로 근기에 맞게 설법하신다는 말씀을 직접 들었고,
여러 큰 제자들에게 주시는 아뇩다라삼먁삼보리의

삼	먁	삼	보	리	기		부	문	숙
三	藐	三	菩	提	記		復	聞	宿
석 삼	아득할 막(먁)	석 삼	보리 보	끝 제(리)	기록할 기		다시 부	들을 문	묵을 숙

세		인	연	지	사		부	문	제
世		因	緣	之	事		復	聞	諸
세상 세		인할 인	인연 연	어조사 지	일 사		다시 부	들을 문	모든 제

불		유	대	자	재	신	통	지	력
佛		有	大	自	在	神	通	之	力
부처 불		있을 유	큰 대	스스로 자	있을 재	신통할 신	통할 통	어조사 지	힘 력

득	미	증	유			심	정	용	약
得	未	曾	有			心	淨	踊	躍
얻을 득	아닐 미	일찍 증	있을 유			마음 심	깨끗할 정	뛸 용	뛸 약

즉	종	좌	기			도	어	불	전
卽	從	座	起			到	於	佛	前
곧 즉	좇을 종	자리 좌	일어날 기			이를 도	어조사 어	부처 불	앞 전

수기 내용에 대해서도 들었다. 더욱이 지난 과거 세상의 인연 이야기를 들었으며,
또 모든 부처님들은 크게 자재하신 신통력을 갖추셨다는 말씀을 들었다.
그리하여 부루나는 일찍이 없던 희유함을 느끼며, 마음이 깨끗하고 순수해져서
뛸 듯이 좋아하였다. 그는 곧 자리에서 일어나 부처님 앞에 나아가

두	면	예	족		각	주	일	면
頭	面	禮	足		却	住	一	面
머리두	낯면	예도예	발족		물러날각	머물주	한일	방위면

첨	앙	존	안		목	부	잠	사
瞻	仰	尊	顔		目	不	暫	捨
볼첨	우러를앙	높을존	얼굴안		눈목	아닐부	잠시잠	버릴사

이	작	시	념		세	존	심	기	특
而	作	是	念		世	尊	甚	奇	特
말이을이	지을작	이시	생각념		세상세	높을존	심할심	기이할기	특별할특

소	위	희	유		수	순	세	간
所	爲	希	有		隨	順	世	間
바소	할위	드물희	있을유		따를수	순할순	세상세	사이간

약	간	종	성		이	방	편	지	견
若	干	種	性		以	方	便	知	見
같을약	방패간	종류종	성품성		써이	처방방	편할편	알지	볼견

머리 숙여 부처님 발에 절하였다. 이윽고 한 쪽으로 물러나
부처님의 거룩하신 얼굴을 우러러보며, 잠시도 눈을 떼지 않은 채 이렇게 생각하였다.
'세존께서는 매우 훌륭하시며 특별하시어, 하시는 바도 역시 아무나 흉내낼 수 없도다.
세상의 여러 근기에 맞게 방편의 지혜로써

이	위	설	법		발	출	중	생	
而	爲	說	法		拔	出	衆	生	
말이을이	할위	말씀설	법법		뺄발	날출	무리중	날생	

처	처	탐	착		아	등		어	불
處	處	貪	著		我	等		於	佛
곳처	곳처	탐할탐	잡을착		나아	무리등		어조사어	부처불

공	덕		언	불	능	선		유	불
功	德		言	不	能	宣		唯	佛
공공	덕덕		말씀언	아닐불	능할능	베풀선		오직유	부처불

세	존		능	지	아	등		심	심
世	尊		能	知	我	等		深	心
세상세	높을존		능할능	알지	나아	무리등		깊을심	마음심

본	원		이	시		불	고	제	비
本	願		爾	時		佛	告	諸	比
근본본	원할원		그이	때시		부처불	알릴고	모든제	견줄비

설법하여, 중생들이 곳곳에서 집착하는 것을 빼내 건져주시도다.
우리들은 감히 부처님의 공덕에 대해 이루 다 말할 수 없으며, 오직 부처님 세존만이
우리들의 마음속 깊이 자리한 근본 서원까지도 능히 아실 수 있도다.'
그때 부처님께서 모든 비구들에게 이르시었다.

구		여	등	견	시		부	루	나
丘		汝	等	見	是		富	樓	那
언덕 구		너 여	무리 등	볼 견	이 시		부자 부	다락 루	어찌 나

미	다	라	니	자	부		아	상	칭
彌	多	羅	尼	子	不		我	常	稱
두루찰 미	많을 다	새그물 라	여승 니	아들 자	아닐 부		나 아	항상 상	일컬을 칭

기		어	설	법	인	중		최	위
其		於	說	法	人	中		最	爲
그 기		어조사 어	말씀 설	법 법	사람 인	가운데 중		가장 최	할 위

제	일		역	상	탄	기		종	종
第	一		亦	常	歎	其		種	種
차례 제	한 일		또 역	항상 상	찬탄할 탄	그 기		종류 종	종류 종

공	덕		정	근	호	지		조	선
功	德		精	勤	護	持		助	宣
공 공	덕 덕		정미할 정	부지런할 근	보호할 호	가질 지		도울 조	베풀 선

"너희들은 미다라니의 아들 부루나를 보고 있느냐?
나는 항상 그를 설법하는 사람들 중에서 제일 설법을 잘한다고 칭찬했으며,
또한 늘 그의 여러 가지 공덕들을 찬탄하였느니라.
곧 부지런히 정진해서 나의 가르침을 보호하고 지키며

아	법		능	어	사	중		시	교
我	法		能	於	四	衆		示	敎
나 아	법 법		능할 능	어조사 어	넉 사	무리 중		보일 시	가르칠 교

리	희		구	족	해	석		불	지
利	喜		具	足	解	釋		佛	之
이로울 리	기쁠 희		갖출 구	족할 족	풀 해	풀 석		부처 불	어조사 지

정	법		이	대	요	익		동	범
正	法		而	大	饒	益		同	梵
바를 정	법 법		말이을 이	큰 대	넉넉할 요	더할 익		한가지 동	깨끗할 범

행	자		자	사	여	래		무	능
行	者		自	捨	如	來		無	能
행할 행	놈 자		스스로 자	버릴 사	같을 여	올 래		없을 무	능할 능

진	기		언	론	지	변		여	등
盡	其		言	論	之	辯		汝	等
다할 진	그 기		말씀 언	의논할 론	어조사 지	말잘할 변		너 여	무리 등

나를 도와 법을 연설하고 펼쳐서, 능히 사부대중에게 잘 보여주고 가르쳐
이롭고 기쁘게 하느니라. 그래서 부처님의 바른 법을 정확하게 이해하고 풀이하여,
함께 청정히 수행하는 도반들에게 많은 도움을 주느니라. 그리하여
여래를 제외하고는 어느 누구도 그 언론의 변재를 당해낼 만한 자가 없느니라.

물	위		부	루	나		단	능	호
勿	謂		富	樓	那		但	能	護
말물	이를위		부자부	다락루	어찌나		다만단	능할능	보호할호

지		조	선	아	법		역	어	과
持		助	宣	我	法		亦	於	過
가질지		도울조	베풀선	나아	법법		또역	어조사어	지날과

거		구	십	억	제	불	소		호
去		九	十	億	諸	佛	所		護
갈거		아홉구	열십	억억	모든제	부처불	곳소		보호할호

지	조	선		불	지	정	법		어
持	助	宣		佛	之	正	法		於
가질지	도울조	베풀선		부처불	어조사지	바를정	법법		어조사어

피	설	법	인	중		역	최	제	일
彼	說	法	人	中		亦	最	第	一
저피	말씀설	법법	사람인	가운데중		또역	가장최	차례제	한일

너희들은 부루나가 비단 나의 가르침만을 보호하고 지키며 나를 도와 법을 연설하여 펼친다고 말하면 안 되느니라. 그는 지난 과거세상 구십억 여러 부처님들 처소에서도 부처님의 정법을 보호하고 지켰으며, 부처님을 도와 정법을 연설하여 펼쳤느니라. 그래서 당시 설법하는 사람들 중에서도 역시 가장 설법을 잘하였느니라.

우	어	제	불		소	설	공	법
又	於	諸	佛		所	說	空	法
또우	어조사 어	모든 제	부처 불		바 소	말씀 설	빌 공	법 법

명	료	통	달		득	사	무	애	지
明	了	通	達		得	四	無	礙	智
밝을 명	깨달을 료	통할 통	통달할 달		얻을 득	넉 사	없을 무	거리낄 애	슬기 지

상	능	심	제		청	정	설	법
常	能	審	諦		清	淨	說	法
항상 상	능할 능	살필 심	살필 체(제)		맑을 청	깨끗할 정	말씀 설	법 법

무	유	의	혹		구	족	보	살
無	有	疑	惑		具	足	菩	薩
없을 무	있을 유	의심할 의	미혹할 혹		갖출 구	족할 족	보리 보	보살 살

신	통	지	력		수	기	수	명
神	通	之	力		隨	其	壽	命
신통할 신	통할 통	어조사 지	힘 력		따를 수	그 기	목숨 수	목숨 명

또 모든 부처님들께서 말씀하신 공법에 대해
명료하게 통달했으며 사무애지를 얻어서, 항상
상세하고 청정히 설법하여 의혹이 없게 하였느니라.
그리고 보살의 신통력을 구족하여 목숨이 다하도록

상	수	범	행		피	불	세	인
常	修	梵	行		彼	佛	世	人
항상 상	닦을 수	깨끗할 범	행할 행		저 피	부처 불	세상 세	사람 인

함	개	위	지		실	시	성	문
咸	皆	謂	之		實	是	聲	聞
다 함	다 개	이를 위	어조사 지		진실 실	이 시	소리 성	들을 문

이	부	루	나		이	사	방	편
而	富	樓	那		以	斯	方	便
말 이을 이	부자 부	다락 루	어찌 나		써 이	이 사	처방 방	편할 편

요	익	무	량		백	천	중	생
饒	益	無	量		百	千	衆	生
넉넉할 요	더할 익	없을 무	헤아릴 량		일백 백	일천 천	무리 중	날 생

우	화	무	량		아	승	기	인
又	化	無	量		阿	僧	祇	人
또 우	화할 화	없을 무	헤아릴 량		언덕 아	중 승	토지신 기	사람 인

언제나 범행을 닦았나니, 그 부처님 나라의 사람들이 전부
'이분이야말로 참다운 성문'이라고 말할 정도였느니라.
따라서 부루나는 이러한 방편으로써 한량없는 백천 명의 중생들을
이롭게 하였고, 또 한량없는 아승기 수효의 사람들을 교화해서

영	립	아	뇩	다	라	삼	먁	삼	보
令	立	阿	耨	多	羅	三	藐	三	菩
하여금 영	설 립	언덕 아	김맬 누(뇩)	많을 다	새그물 라	석 삼	아득할 막(먁)	석 삼	보리 보

리		위	정	불	토	고		상	작
提		爲	淨	佛	土	故		常	作
끌 제(리)		위할 위	깨끗할 정	부처 불	흙 토	연고 고		항상 상	지을 작

불	사		교	화	중	생		제	비
佛	事		教	化	眾	生		諸	比
부처 불	일 사		가르칠 교	화할 화	무리 중	날 생		모든 제	견줄 비

구		부	루	나		역	어	칠	불
丘		富	樓	那		亦	於	七	佛
언덕 구		부자 부	다락 루	어찌 나		또 역	어조사 어	일곱 칠	부처 불

설	법	인	중		이	득	제	일	
說	法	人	中		而	得	第	一	
말씀 설	법 법	사람 인	가운데 중		말이을 이	얻을 득	차례 제	한 일	

아뇩다라삼먁삼보리를 이루도록 하였느니라. 다시 말해 부처님 세계를
깨끗이 하기 위해 끊임없이 부처님 일을 하며 중생들을 교화하였느니라.
모든 비구들아! 부루나는 또한 과거 일곱 부처님 시절에도
그 설법하는 사람들 가운데에서 제일이었으며,

금	어	아	소		설	법	인	중
今	於	我	所		說	法	人	中
이제 금	어조사 어	나 아	곳 소		말씀 설	법 법	사람 인	가운데 중

역	위	제	일		어	현	겁	중
亦	爲	第	一		於	賢	劫	中
또 역	할 위	차례 제	한 일		어조사 어	어질 현	겁 겁	가운데 중

당	래	제	불		설	법	인	중
當	來	諸	佛		說	法	人	中
마땅히 당	올 래	모든 제	부처 불		말씀 설	법 법	사람 인	가운데 중

역	부	제	일		이	개	호	지
亦	復	第	一		而	皆	護	持
또 역	다시 부	차례 제	한 일		말 이을 이	다 개	보호할 호	가질 지

조	선	불	법		역	어	미	래
助	宣	佛	法		亦	於	未	來
도울 조	베풀 선	부처 불	법 법		또 역	어조사 어	아닐 미	올 래

지금 나의 처소에서도 설법하는 사람들 중에 역시 제일이니라.
게다가 현겁 가운데 앞으로 오실 많은 부처님들 처소에서
설법하는 사람들 가운데 역시 또 제일이어서,
불법을 보호하고 지키며 적극적으로 펼치리라. 또한 미래에도

호	지	조	선		무	량	무	변	
護	持	助	宣		無	量	無	邊	
보호할 호	가질 지	도울 조	베풀 선		없을 무	헤아릴 량	없을 무	가 변	
제	불	지	법		교	화	요	익	
諸	佛	之	法		敎	化	饒	益	
모든 제	부처 불	어조사 지	법 법		가르칠 교	화할 화	넉넉할 요	더할 익	
무	량	중	생		영	립	아	뇩	다
無	量	衆	生		令	立	阿	耨	多
없을 무	헤아릴 량	무리 중	날 생		하여금 영	설 립	언덕 아	김맬누(뇩)	많을 다
라	삼	먁	삼	보	리		위	정	불
羅	三	藐	三	菩	提		爲	淨	佛
새그물 라	석 삼	아득할 먁(먁)	석 삼	보리 보	끌 제(리)		위할 위	깨끗할 정	부처 불
토	고		상	근	정	진		교	화
土	故		常	勤	精	進		敎	化
흙 토	연고 고		항상 상	부지런할 근	정미할 정	나아갈 진		가르칠 교	화할 화

한량없고 그지없는 모든 부처님들의 법을 보호하고 지키며
부처님을 도와 법을 연설하고 펼쳐서, 무량한 중생들을 교화하여 이롭게 하고
그들로 하여금 아뇩다라삼먁삼보리를 이루게 하리라.
곧 부처님 세계를 깨끗이 하기 위해 늘 부지런히 정진하며

중	생		점	점	구	족		보	살
衆	生		漸	漸	具	足		菩	薩
무리 중	날 생		점점 점	점점 점	갖출 구	족할 족		보리 보	보살 살

지	도		과	무	량	아	승	기	겁
之	道		過	無	量	阿	僧	祇	劫
어조사 지	길 도		지날 과	없을 무	헤아릴 량	언덕 아	중 승	토지신 기	겁 겁

당	어	차	토		득	아	뇩	다	라
當	於	此	土		得	阿	耨	多	羅
마땅히 당	어조사 어	이 차	흙 토		얻을 득	언덕 아	김맬 누(뇩)	많을 다	새그물 라

삼	먁	삼	보	리		호	왈	법	명
三	藐	三	菩	提		號	曰	法	明
석 삼	아득할 막(먁)	석 삼	보리 보	끌 제(리)		이름 호	가로 왈	법 법	밝을 명

여	래		응	공		정	변	지	
如	來		應	供		正	遍	知	
같을 여	올 래		응당히 응	이바지할 공		바를 정	두루 편(변)	알 지	

중생들을 가르쳐서 교화하리라. 부루나는 이렇게
점점 보살도를 구족하고 한량없는 아승기의 오랜 세월을 지나서,
마땅히 여기 사바세계에서 아뇩다라삼먁삼보리를 얻으리라.
부처님의 이름은 법명여래·응공·정변지·

명	행	족		선	서		세	간	해
明	行	足		善	逝		世	間	解
밝을 명	행할 행	족할 족		착할 선	갈 서		세상 세	사이 간	풀 해

무	상	사		조	어	장	부		천
無	上	士		調	御	丈	夫		天
없을 무	위 상	선비 사		고를 조	길들일 어	어른 장	사나이 부		하늘 천

인	사		불	세	존		기	불	
人	師		佛	世	尊		其	佛	
사람 인	스승 사		부처 불	세상 세	높을 존		그 기	부처 불	

이	항	하	사	등		삼	천	대	천
以	恒	河	沙	等		三	千	大	千
써 이	항상 항	물 하	모래 사	같을 등		석 삼	일천 천	큰 대	일천 천

세	계		위	일	불	토		칠	보
世	界		爲	一	佛	土		七	寶
세상 세	지경 계		할 위	한 일	부처 불	흙 토		일곱 칠	보배 보

명행족·선서·세간해·무상사·
조어장부·천인사·불세존이니라.
그 법명 부처님은 항하의 모래알처럼
수많은 삼천대천세계들을 가지고 하나의 세계로 만드시리라.

위	지		지	평	여	장		무	유
爲	地		地	平	如	掌		無	有
할 위	땅 지		땅 지	평평할 평	같을 여	손바닥 장		없을 무	있을 유

산	릉		계	간	구	학		칠	보
山	陵		谿	澗	溝	壑		七	寶
뫼 산	큰언덕 릉		시내 계	시내 간	봇도랑 구	골 학		일곱 칠	보배 보

대	관		충	만	기	중		제	천
臺	觀		充	滿	其	中		諸	天
돈대 대	볼 관		찰 충	찰 만	그 기	가운데 중		모든 제	하늘 천

궁	전		근	처	허	공		인	천
宮	殿		近	處	虛	空		人	天
집 궁	궁전 전		가까울 근	곳 처	빌 허	빌 공		사람 인	하늘 천

교	접		양	득	상	견		무	제
交	接		兩	得	相	見		無	諸
사귈 교	사귈 접		두 양	얻을 득	서로 상	볼 견		없을 무	모든 제

칠보로 땅이 되고 땅은 또 손바닥처럼 평탄하여, 산등성이나 계곡·도랑·
골짜기 따위가 일절 없는 데다 칠보로 만든 큰 전각들이 그 안에 가득하리라.
게다가 여러 하늘나라 궁전들이 허공 가까이에 있어서,
인간과 천상이 서로 쳐다볼 수 있을 정도로 인접해 있으리라.

악	도		역	무	여	인		일	체
惡	道		亦	無	女	人		一	切
악할악	길도		또역	없을무	여자여	사람인		한일	모두체
중	생		개	이	화	생		무	유
衆	生		皆	以	化	生		無	有
무리중	날생		다개	써이	화할화	날생		없을무	있을유
음	욕		득	대	신	통		신	출
婬	欲		得	大	神	通		身	出
음탕할음	욕심욕		얻을득	큰대	신통할신	통할통		몸신	날출
광	명		비	행	자	재		지	념
光	明		飛	行	自	在		志	念
빛광	밝을명		날비	갈행	스스로자	있을재		뜻지	생각념
견	고		정	진	지	혜		보	개
堅	固		精	進	智	慧		普	皆
굳을견	굳을고		정미할정	나아갈진	슬기지	지혜혜		널리보	다개

일체 악도가 없고 또한 여인도 없으며, 그곳의 모든 중생들은 전부 변화로 태어나서
음욕이란 것은 아예 없으리라. 따라서 그들은 큰 신통을 얻은 채,
몸은 광명으로 찬란히 빛나며 공중을 자유롭게 날아다니리라.
더욱이 그들은 뜻이 견고하여 부지런히 정진하는 데다가 지혜로우리니,

금	색		삼	십	이	상		이	자
金	色		三	十	二	相		而	自
쇠금	빛색		석삼	열십	두이	모양상		말이을이	스스로자

장	엄		기	국	중	생		상	이
莊	嚴		其	國	眾	生		常	以
꾸밀장	엄할엄		그기	나라국	무리중	날생		항상상	써이

이	식		일	자	법	희	식		이
二	食		一	者	法	喜	食		二
두이	밥식		한일	놈자	법법	기쁠희	밥식		두이

자	선	열	식		유	무	량	아	승
者	禪	悅	食		有	無	量	阿	僧
놈자	고요할선	기쁠열	밥식		있을유	없을무	헤아릴량	언덕아	중승

기		천	만	억	나	유	타		제
祇		千	萬	億	那	由	他		諸
토지신기		일천천	일만만	억억	어찌나	말미암을유	다를타		모든제

전부 황금빛 몸에다 삼십이상의 거룩한 상호가 저절로 장엄되어 갖추어져 있으리라.
그 세계의 중생들은 항상 두 가지 음식만 먹나니,
첫째는 법의 기쁨에서 오는 음식이요, 둘째는 선정의 기쁨에서 오는 음식이니라.
그 세계에는 한량없는 아승기 천만억 나유타의 수많은

보	살	중		득	대	신	통		사
菩	薩	衆		得	大	神	通		四
보리 보	보살 살	무리 중		얻을 득	큰 대	신통할 신	통할 통		넉 사

무	애	지		선	능	교	화		중
無	礙	智		善	能	敎	化		衆
없을 무	거리낄 애	슬기 지		착할 선	능할 능	가르칠 교	화할 화		무리 중

생	지	류		기	성	문	중		산
生	之	類		其	聲	聞	衆		算
날 생	어조사 지	무리 류		그 기	소리 성	들을 문	무리 중		셀 산

수	교	계		소	불	능	지		개
數	校	計		所	不	能	知		皆
셀 수	셀 교	셀 계		바 소	아닐 불	능할 능	알 지		다 개

득	구	족		육	통	삼	명		급
得	具	足		六	通	三	明		及
얻을 득	갖출 구	족할 족		여섯 육	통할 통	석 삼	밝을 명		및 급

보살들이 있는데, 큰 신통력과 사무애지를 얻어서
여러 중생 무리들을 잘 교화하리라.
또한 성문들은 숫자로 계산할 수 없을 만큼
많이 있으니, 모두 육신통과 삼명 및

팔	해	탈		기	불	국	토		유
八	解	脫		其	佛	國	土		有
여덟 팔	풀 해	벗을 탈		그 기	부처 불	나라 국	흙 토		있을 유

여	시	등		무	량	공	덕		장
如	是	等		無	量	功	德		莊
같을 여	이 시	무리 등		없을 무	헤아릴 량	공 공	덕 덕		꾸밀 장

엄	성	취		겁	명	보	명		국
嚴	成	就		劫	名	寶	明		國
엄할 엄	이룰 성	이룰 취		겁 겁	이름 명	보배 보	밝을 명		나라 국

명	선	정		기	불	수	명		무
名	善	淨		其	佛	壽	命		無
이름 명	착할 선	깨끗할 정		그 기	부처 불	목숨 수	목숨 명		없을 무

량	아	승	기	겁		법	주	심	구
量	阿	僧	祇	劫		法	住	甚	久
헤아릴 량	언덕 아	중 승	토지신 기	겁 겁		법 법	머물 주	심할 심	오랠 구

팔해탈 등을 갖추고 있으리라. 그 부처님 세계는 이와 같이
한량없는 공덕으로 성취되어 장엄스러우니, 시대의 이름은 보명이며
세계의 이름은 선정이니라. 그 법명 부처님의 수명은 한량없는 아승기 겁의
오랜 세월이고, 가르침도 세상에 아주 오랫동안 남아 있으리라.

불	멸	도	후		기	칠	보	탑
佛	滅	度	後		起	七	寶	塔
부처 불	멸할 멸	건널 도	뒤 후		일어날 기	일곱 칠	보배 보	탑 탑

변	만	기	국		이	시	세	존
遍	滿	其	國		爾	時	世	尊
두루 편(변)	찰 만	그 기	나라 국		그 이	때 시	세상 세	높을 존

욕	중	선	차	의	이	설	게	언
欲	重	宣	此	義	而	說	偈	言
하고자할 욕	거듭할 중	베풀 선	이 차	의미 의	말이을 이	말씀 설	게송 게	말씀 언

제	비	구	제	청	불	자	소	행
諸	比	丘	諦	聽	佛	子	所	行
모든 제	견줄 비	언덕 구	살필 체(제)	들을 청	부처 불	아들 자	바 소	행할 행

도		선	학	방	편	고	불	가
道		善	學	方	便	故	不	可
길 도		착할 선	배울 학	처방 방	편할 편	연고 고	아닐 불	가히 가

그리고 법명 부처님께서 열반하신 후에는 온 나라에 부처님의 칠보탑이 가득 세워지리라."
그때 세존께서 거듭 의미를 표현하시고자 게송으로 말씀하셨다.
    모든 비구들은 자세히 들을지니,
    부처님 제자가 닦는 도업이란 방편을 잘 배웠기에

득	사	의		지	중	락	소	법	
得	思	議		知	衆	樂	小	法	
얻을 득	생각할 사	의논할 의		알 지	무리 중	즐길 락	작을 소	법 법	

이	외	어	대	지		시	고	제	보
而	畏	於	大	智		是	故	諸	菩
말 이을 이	두려워할 외	어조사 어	큰 대	슬기 지		이 시	연고 고	모든 제	보리 보

살		작	성	문	연	각		이	무
薩		作	聲	聞	緣	覺		以	無
보살 살		지을 작	소리 성	들을 문	인연 연	깨달을 각		써 이	없을 무

수	방	편		화	제	중	생	류	
數	方	便		化	諸	衆	生	類	
셀 수	처방 방	편할 편		화할 화	모든 제	무리 중	날 생	무리 류	

자	설	시	성	문		거	불	도	심
自	說	是	聲	聞		去	佛	道	甚
스스로 자	말씀 설	이 시	소리 성	들을 문		갈 거	부처 불	길 도	심할 심

가히 생각으로 짐작할 수 없도다. 소승법만 즐기는 중생들이
큰 지혜 꺼려하는 줄 알고는 그러기에 모든 보살들
스스로 성문·연각 되어 무수한 방편으로써 여러 중생 무리를 교화하되,
자기도 여태 성문이라서 불도 이루려면 아직도 한참 멀었다고 말하면서

원		도	탈	무	량	중		개	실
遠		度	脫	無	量	衆		皆	悉
멀 원		건널 도	벗을 탈	없을 무	헤아릴 량	무리 중		다 개	다 실

득	성	취		수	소	욕	해	태	
得	成	就		雖	小	欲	懈	怠	
얻을 득	이룰 성	이룰 취		비록 수	작을 소	하고자할 욕	게으를 해	게으를 태	

점	당	령	작	불		내	비	보	살
漸	當	令	作	佛		內	秘	菩	薩
점점 점	마땅히 당	하여금 령	지을 작	부처 불		안 내	숨길 비	보리 보	보살 살

행		외	현	시	성	문		소	욕
行		外	現	是	聲	聞		少	欲
행할 행		바깥 외	나타날 현	이 시	소리 성	들을 문		적을 소	하고자할 욕

염	생	사		실	자	정	불	토	
厭	生	死		實	自	淨	佛	土	
싫을 염	날 생	죽을 사		진실 실	스스로 자	깨끗할 정	부처 불	흙 토	

한량없는 중생들 제도하여 모두 깨달음을 성취케 하도다.
그래서 소승만 원하고 대승을 게을리 하더라도 그들도 차츰차츰 틀림없이 성불하게 하되,
안으로는 은밀히 보살행을 감추고 밖으로는 그냥 성문으로 행세하도다.
소승을 원하여 생사윤회를 싫어하는 듯하나 실은 부처님 세계를 저절로 깨끗이 하려는 것이니,

시	중	유	삼	독		우	현	사	견
示	衆	有	三	毒		又	現	邪	見
보일 시	무리 중	있을 유	석 삼	독 독		또 우	나타날 현	간사할 사	볼 견

상		아	제	자	여	시		방	편
相		我	弟	子	如	是		方	便
모양 상		나 아	아우 제	아들 자	같을 여	이 시		처방 방	편할 편

도	중	생		약	아	구	족	설
度	衆	生		若	我	具	足	說
건널 도	무리 중	날 생		만약 약	나 아	갖출 구	족할 족	말씀 설

종	종	현	화	사		중	생	문	시
種	種	現	化	事		衆	生	聞	是
종류 종	종류 종	나타날 현	화할 화	일 사		무리 중	날 생	들을 문	이 시

자		심	즉	회	의	혹		금	차
者		心	則	懷	疑	惑		今	此
놈 자		마음 심	곧 즉	품을 회	의심할 의	미혹할 혹		이제 금	이 차

그래서 중생들에게 삼독 지닌 범부로도 보이고 또 삿된 견해의
외도 모습으로 나오기도 하도다. 나의 성문 제자는 이와 같이 절묘한 방편으로
중생들을 제도하거늘, 만약 갖가지 변화로 나툰 일까지 죄다 말한다면
중생들이 듣고는 마음으로 의심을 품게 되리라.

부	루	나		어	석	천	억	불	
富	樓	那		於	昔	千	億	佛	
부자 부	다락 루	어찌 나		어조사 어	옛 석	일천 천	억 억	부처 불	

근	수	소	행	도		선	호	제	불
勤	修	所	行	道		宣	護	諸	佛
부지런할 근	닦을 수	바 소	행할 행	길 도		베풀 선	보호할 호	모든 제	부처 불

법		위	구	무	상	혜		이	어
法		爲	求	無	上	慧		而	於
법 법		위할 위	구할 구	없을 무	위 상	지혜 혜		말 이을 이	어조사 어

제	불	소		현	거	제	자	상	
諸	佛	所		現	居	弟	子	上	
모든 제	부처 불	곳 소		나타날 현	있을 거	아우 제	아들 자	위 상	

다	문	유	지	혜		소	설	무	소
多	聞	有	智	慧		所	說	無	所
많을 다	들을 문	있을 유	슬기 지	지혜 혜		바 소	말씀 설	없을 무	바 소

지금 이 부루나는 옛날 천억 분의 부처님들 처소에서 닦아야 할 도를 부지런히
닦았으며 모든 불법을 잘 펼치고 수호하였나니, 위없이 높은 지혜 구하기 위해
여러 부처님들 처소에서도 가장 으뜸가는 상수 제자였으며
많이 들어 박식하였고 지혜로웠도다. 설법함에 두려움이 없었고

외		능	령	중	환	희		미	증
畏		能	令	衆	歡	喜		未	曾
두려워할 외		능할 능	하여금 령	무리 중	기쁠 환	기쁠 희		아닐 미	일찍 증

유	피	권		이	이	조	불	사	
有	疲	倦		而	以	助	佛	事	
있을 유	지칠 피	싫증날 권		말이을 이	써 이	도울 조	부처 불	일 사	

이	도	대	신	통		구	사	무	애
已	度	大	神	通		具	四	無	礙
이미 이	건널 도	큰 대	신통할 신	통할 통		갖출 구	넉 사	없을 무	거리낄 애

지		지	제	근	이	둔		상	설
智		知	諸	根	利	鈍		常	說
슬기 지		알 지	모든 제	뿌리 근	날카로울 이	무딜 둔		항상 상	말씀 설

청	정	법		연	창	여	시	의	
清	淨	法		演	暢	如	是	義	
맑을 청	깨끗할 정	법 법		펼 연	펼 창	같을 여	이 시	의미 의	

대중들로 하여금 환희롭게 함은 물론이며 본인도 일찍이 설법하는 것을 싫증내지 않았나니
이렇게 하여 부처님의 교화사업을 도왔도다. 그래서 그는 벌써 위대한 신통력을 얻었고
사무애지를 갖춤과 동시에 여러 근기들의 총명하고 우둔함을 잘 알아서
언제나 청정한 법을 설하거늘, 참되고 깊은 뜻을 유창하게 연설하여

교	제	천	억	중		영	주	대	승
教	諸	千	億	衆		令	住	大	乘
가르칠 교	모든 제	일천 천	억 억	무리 중		하여금 영	머물 주	큰 대	탈 승

법		이	자	정	불	토		미	래
法		而	自	淨	佛	土		未	來
법 법		말이을 이	스스로 자	깨끗할 정	부처 불	흙 토		아닐 미	올 래

역	공	양		무	량	무	수	불
亦	供	養		無	量	無	數	佛
또 역	이바지할 공	기를 양		없을 무	헤아릴 량	없을 무	셀 수	부처 불

호	조	선	정	법		역	자	정	불
護	助	宣	正	法		亦	自	淨	佛
보호할 호	도울 조	베풀 선	바를 정	법 법		또 역	스스로 자	깨끗할 정	부처 불

토		상	이	제	방	편		설	법
土		常	以	諸	方	便		說	法
흙 토		항상 상	써 이	모든 제	처방 방	편할 편		말씀 설	법 법

여러 천억 대중들을 교화하고 대승의 가르침에 머물게 해서
저절로 부처님 세계를 정화시키도다. 미래 세상에도 또한
무량무수한 부처님들께 공양할 것이며 정법을 지키고 널리 펼쳐서
역시 부처님 세계를 저절로 청정하게 하되, 항상 여러 방편을 가지고

무	소	외		도	불	가	계	중
無	所	畏		度	不	可	計	衆
없을 무	바 소	두려워할 외		건널 도	아닐 불	가히 가	셀 계	무리 중

성	취	일	체	지		공	양	제	여
成	就	一	切	智		供	養	諸	如
이룰 성	이룰 취	한 일	모두 체	슬기 지		이바지할 공	기를 양	모든 제	같을 여

래		호	지	법	보	장		기	후
來		護	持	法	寶	藏		其	後
올 래		보호할 호	가질 지	법 법	보배 보	곳간 장		그 기	뒤 후

득	성	불		호	명	왈	법	명
得	成	佛		號	名	曰	法	明
얻을 득	이룰 성	부처 불		이름 호	이름 명	가로 왈	법 법	밝을 명

기	국	명	선	정		칠	보	소	합
其	國	名	善	淨		七	寶	所	合
그 기	나라 국	이름 명	착할 선	깨끗할 정		일곱 칠	보배 보	바 소	합할 합

두려움 없이 설법하여 헤아릴 수 없는 중생들을 제도하고 일체지를 이루게 하리라.
부루나는 많은 부처님께 공양하며 법보장을 받들어 지키다가
그 후에 성불하리니 부처님 이름은 법명불이니라.
세계의 이름은 선정이고 칠보로 모든 것이 이루어져

성		겁	명	위	보	명		보	살
成		劫	名	爲	寶	明		菩	薩
이룰 성		겁 겁	이름 명	할 위	보배 보	밝을 명		보리 보	보살 살

중	심	다		기	수	무	량	억	
衆	甚	多		其	數	無	量	億	
무리 중	심할 심	많을 다		그 기	셀 수	없을 무	헤아릴 량	억 억	

개	도	대	신	통		위	덕	력	구
皆	度	大	神	通		威	德	力	具
다 개	건널 도	큰 대	신통할 신	통할 통		위엄 위	덕 덕	힘 력	갖출 구

족		충	만	기	국	토		성	문
足		充	滿	其	國	土		聲	聞
족할 족		찰 충	찰 만	그 기	나라 국	흙 토		소리 성	들을 문

역	무	수		삼	명	팔	해	탈	
亦	無	數		三	明	八	解	脫	
또 역	없을 무	셀 수		석 삼	밝을 명	여덟 팔	풀 해	벗을 탈	

시대의 이름조차 보명이거늘 보살들이 매우 많아서,
그 수효 한량없는 수천억으로 모두 다 위대한 신통력과
위엄스런 덕의 힘까지 두루 갖추어 그 세계에 가득 충만하며,
성문들도 또한 수없이 많아서 삼명과 팔해탈

득	사	무	애	지		이	시	등	위
得	四	無	礙	智		以	是	等	爲
얻을 득	넉 사	없을 무	거리낄 애	슬기 지		써 이	이 시	무리 등	할 위

승		기	국	제	중	생		음	욕
僧		其	國	諸	衆	生		婬	欲
중 승		그 기	나라 국	모든 제	무리 중	날 생		음탕할 음	욕심 욕

개	이	단		순	일	변	화	생	
皆	已	斷		純	一	變	化	生	
다 개	이미 이	끊을 단		순수할 순	한 일	변할 변	화할 화	날 생	

구	상	장	엄	신		법	희	선	열
具	相	莊	嚴	身		法	喜	禪	悅
갖출 구	모양 상	꾸밀 장	엄할 엄	몸 신		법 법	기쁠 희	고요할 선	기쁠 열

식		갱	무	여	식	상		무	유
食		更	無	餘	食	想		無	有
먹을 식		다시 갱	없을 무	남을 여	먹을 식	생각 상		없을 무	있을 유

> 그리고 사무애지 얻은 능력 있는 이들로 승가가 구성되리라.
> 그 세계 모든 중생들은 음욕이 아예 다 끊어져서 순일하게 변화로만 태어나되
> 좋은 상호를 두루 갖추어 몸을 장엄하며, 법의 기쁨과 선정의 즐거움만
> 음식으로 먹을 뿐 다시 다른 음식에 대해서는 생각조차 없고

제	여	인		역	무	제	악	도
諸	女	人		亦	無	諸	惡	道
모든 제	여자 여	사람 인		또 역	없을 무	모든 제	악할 악	길 도

부	루	나	비	구		공	덕	실	성
富	樓	那	比	丘		功	德	悉	成
부자 부	다락 루	어찌 나	견줄 비	언덕 구		공 공	덕 덕	다 실	이룰 성

만		당	득	사	정	토		현	성
滿		當	得	斯	淨	土		賢	聖
찰 만		마땅히 당	얻을 득	이 사	깨끗할 정	흙 토		어질 현	성인 성

중	심	다		여	시	무	량	사
衆	甚	多		如	是	無	量	事
무리 중	심할 심	많을 다		같을 여	이 시	없을 무	헤아릴 량	일 사

아	금	단	약	설		이	시		천
我	今	但	略	說		爾	時		千
나 아	이제 금	다만 단	대강 약	말씀 설		그 이	때 시		일천 천

여인들도 원래 없는 데다가 일체 악도마저 없으리라.
부루나 비구는 공덕을 원만히 성취하여 마땅히 이러한 정토를 얻으리니
거룩한 성인들이 매우 많으리라.
이 같이 한량없는 일들을 내 지금 줄여서 말했노라.

이	백	아	라	한		심	자	재	자
二	百	阿	羅	漢		心	自	在	者
두 이	일백 백	언덕 아	새그물 라	한수 한		마음 심	스스로 자	있을 재	놈 자

작	시	념		아	등	환	희		득
作	是	念		我	等	歡	喜		得
지을 작	이 시	생각 념		나 아	무리 등	기쁠 환	기쁠 희		얻을 득

미	증	유		약	세	존		각	견
未	曾	有		若	世	尊		各	見
아닐 미	일찍 증	있을 유		만약 약	세상 세	높을 존		각각 각	볼 견

수	기		여	여	대	제	자	자	
授	記		如	餘	大	弟	子	者	
줄 수	기록할 기		같을 여	남을 여	큰 대	아우 제	아들 자	놈 자	

불	역	쾌	호		불	지	차	등	
不	亦	快	乎		佛	知	此	等	
아닐 불	또 역	쾌할 쾌	어조사 호		부처 불	알 지	이 차	무리 등	

그때 마음이 자재한 천이백 명의 아라한들이 이렇게 생각하였다.
'우리들은 정말 환희하여 일찍이 없던 희유함을 느끼게 되었도다.
그런데 만일 세존께서 다른 큰 제자들에게 수기 주신 것처럼, 우리들에게도
각기 수기를 내려주신다면 얼마나 좋겠는가!' 부처님께서는 아라한들이

심	지	소	념		고	마	하	가	섭
心	之	所	念		告	摩	訶	迦	葉
마음 심	어조사 지	바 소	생각할 념		알릴 고	갈 마	꾸짖을 가(하)	막을 가	잎 엽(섭)

시	천	이	백		아	라	한		아
是	千	二	百		阿	羅	漢		我
이 시	일천 천	두 이	일백 백		언덕 아	새그물 라	한수 한		나 아

금	당	현	전		차	제	여	수
今	當	現	前		次	第	與	授
이제 금	마땅히 당	나타날 현	앞 전		버금 차	차례 제	줄 여	줄 수

아	뇩	다	라	삼	먁	삼	보	리	기
阿	耨	多	羅	三	藐	三	菩	提	記
언덕 아	김맬 누(뇩)	많을 다	새그물 라	석 삼	아득할 막(먁)	석 삼	보리 보	끌 제(리)	기록할 기

어	차	중	중		아	대	제	자
於	此	衆	中		我	大	弟	子
어조사 어	이 차	무리 중	가운데 중		나 아	큰 대	아우 제	아들 자

마음속으로 생각하는 바를 아시고 마하가섭에게 이르시었다.
"여기 천이백 명의 아라한들에게 내가 이제 마땅히
눈앞에서 차례로 아뇩다라삼먁삼보리의 수기를 주리라.
이 대중 가운데 나의 큰 제자

교	진	여	비	구		당	공	양	
憍	陳	如	比	丘		當	供	養	
교만할 교	베풀 진	같을 여	견줄 비	언덕 구		마땅히 당	이바지할 공	기를 양	

육	만	이	천	억	불	연	후		
六	萬	二	千	億	佛	然	後		
여섯 육	일만 만	두 이	일천 천	억 억	부처 불	그러할 연	뒤 후		

득	성	위	불		호	왈	보	명	여
得	成	爲	佛		號	曰	普	明	如
얻을 득	이룰 성	할 위	부처 불		이름 호	가로 왈	널리 보	밝을 명	같을 여

래		응	공		정	변	지		명
來		應	供		正	遍	知		明
올 래		응당히 응	이바지할 공		바를 정	두루 편(변)	알 지		밝을 명

행	족		선	서		세	간	해	
行	足		善	逝		世	間	解	
행할 행	족할 족		착할 선	갈 서		세상 세	사이 간	풀 해	

교진여 비구는 마땅히 육만이천억 부처님들을 공양한 뒤에 성불하리라.
부처님 이름은 보명여래·응공·
정변지·명행족·선서·세간해·

무	상	사		조	어	장	부		천
無	上	士		調	御	丈	夫		天
없을 무	위 상	선비 사		고를 조	길들일 어	어른 장	사나이 부		하늘 천

인	사		불	세	존		기	오	백
人	師		佛	世	尊		其	五	百
사람 인	스승 사		부처 불	세상 세	높을 존		그 기	다섯 오	일백 백

아	라	한		우	루	빈	나	가	섭
阿	羅	漢		優	樓	頻	螺	迦	葉
언덕 아	새그물 라	한수 한		넉넉할 우	다락 루	자주 빈	소라 나	막을 가	잎 엽(섭)

가	야	가	섭		나	제	가	섭
伽	耶	迦	葉		那	提	迦	葉
절 가	어조사 야	막을 가	잎 엽(섭)		어찌 나	끌 제	막을 가	잎 엽(섭)

가	류	타	이		우	타	이		아
迦	留	陀	夷		優	陀	夷		阿
막을 가	머무를 류	비탈질 타	오랑캐 이		넉넉할 우	비탈질 타	오랑캐 이		언덕 아

무상사·조어장부·천인사·불세존이니라.
그리고 오백 명의 아라한에 해당되는 우루빈나가섭·
가야가섭·나제가섭·가루타이·우타이·

누	루	타		이	바	다		겁	빈
㝹	樓	馱		離	婆	多		劫	賓
새끼토끼 누	다락 루	실을 타		떠날 이	할미 파(바)	많을 다		겁 겁	손 빈

나		박	구	라		주	타		사
那		薄	拘	羅		周	陀		莎
어찌 나		엷을 박	잡을 구	새그물 라		두루 주	비탈질 타		향부자 사

가	타	등		개	당	득		아	뇩
伽	陀	等		皆	當	得		阿	耨
절 가	비탈질 타	무리 등		다 개	마땅히 당	얻을 득		언덕 아	김맬 누(뇩)

다	라	삼	먁	삼	보	리		진	동
多	羅	三	藐	三	菩	提		盡	同
많을 다	새그물 라	석 삼	아득할 먁(막)	석 삼	보리 보	끌 제(리)		다할 진	한가지 동

일	호		명	왈	보	명		이	시
一	號		名	曰	普	明		爾	時
한 일	이름 호		이름 명	가로 왈	널리 보	밝을 명		그 이	때 시

아누루타·이바다·겁빈나·박구라·주타·사가타 등도
다 마땅히 아뇩다라삼먁삼보리를 얻으리라.
그리고 그들도 모두 똑같이 이름을 보명불이라 하리라."
그때

세	존		욕	중	선	차	의		이
世	尊		欲	重	宣	此	義		而
세상 세	높을 존		하고자할 욕	거듭할 중	베풀 선	이 차	의미 의		말이을 이

설	게	언		교	진	여	비	구	
說	偈	言		憍	陳	如	比	丘	
말씀 설	게송 게	말씀 언		교만할 교	베풀 진	같을 여	견줄 비	언덕 구	

당	견	무	량	불		과	아	승	기
當	見	無	量	佛		過	阿	僧	祇
마땅히 당	볼 견	없을 무	헤아릴 량	부처 불		지날 과	언덕 아	중 승	토지신 기

겁		내	성	등	정	각		상	방
劫		乃	成	等	正	覺		常	放
겁 겁		이에 내	이룰 성	같을 등	바를 정	깨달을 각		항상 상	놓을 방

대	광	명		구	족	제	신	통	
大	光	明		具	足	諸	神	通	
큰 대	빛 광	밝을 명		갖출 구	족할 족	모든 제	신통할 신	통할 통	

세존께서 거듭 의미를 표현하시고자 게송으로 말씀하셨다.
　　교진여 비구는 앞으로 한량없는 부처님 뵈옵고
　　아승기 겁의 오랜 세월 지나 등정각을 이루리라.
　　항상 큰 광명이 빛나고 모든 신통 구족하매

명	문	변	시	방		일	체	지	소
名	聞	遍	十	方		一	切	之	所
이름 명	들을 문	두루 편(변)	열 십(시)	방위 방		한 일	모두 체	어조사 지	바 소

경		상	설	무	상	도		고	호
敬		常	說	無	上	道		故	號
공경할 경		항상 상	말씀 설	없을 무	위 상	길 도		연고 고	이름 호

위	보	명		기	국	토	청	정	
爲	普	明		其	國	土	清	淨	
할 위	널리 보	밝을 명		그 기	나라 국	흙 토	맑을 청	깨끗할 정	

보	살	개	용	맹		함	승	묘	루
菩	薩	皆	勇	猛		咸	昇	妙	樓
보리 보	보살 살	다 개	날쌜 용	날랠 맹		다 함	오를 승	묘할 묘	다락 루

각		유	제	시	방	국		이	무
閣		遊	諸	十	方	國		以	無
문설주 각		놀 유	모든 제	열 십(시)	방위 방	나라 국		써 이	없을 무

명성이 온시방에 드날려져 일체중생 공경받으며 언제나 위없이
높은 진리를 설하리니 그러므로 부처님 이름도 보명불이니라.
그 세계 청정하고 보살들은 모두 용맹하여
다함께 멋진 누각을 타고 여러 시방세계 다니면서,

상	공	구		봉	헌	어	제	불
上	供	具		奉	獻	於	諸	佛
위 상	이바지할 공	갖출 구		받들 봉	바칠 헌	어조사 어	모든 제	부처 불

작	시	공	양	이		심	회	대	환
作	是	供	養	已		心	懷	大	歡
지을 작	이 시	이바지할 공	기를 양	마칠 이		마음 심	품을 회	큰 대	기쁠 환

희		수	유	환	본	국		유	여
喜		須	臾	還	本	國		有	如
기쁠 희		잠깐 수	잠깐 유	돌아올 환	근본 본	나라 국		있을 유	같을 여

시	신	력		불	수	육	만	겁
是	神	力		佛	壽	六	萬	劫
이 시	신통할 신	힘 력		부처 불	목숨 수	여섯 육	일만 만	겁 겁

정	법	주	배	수		상	법	부	배
正	法	住	倍	壽		像	法	復	倍
바를 정	법 법	머물 주	곱 배	목숨 수		형상 상	법 법	다시 부	곱 배

위없이 좋은 공양물로써 여러 부처님들께 공양을 받들어 올리나니
이렇게 공양드린 다음엔 큰 환희에 젖어 찰나에 본국으로 돌아오는 이런 신통력 있으리라.
보명 부처님의 수명은 육만 겁이며 정법이 세상에 머무는 기간은 수명의 두 배이고
상법이 세상에 머무는 기간 역시 정법의 두 배이거늘

시		법	멸	천	인	우		기	오
是		法	滅	天	人	憂		其	五
이 시		법 법	멸할 멸	하늘 천	사람 인	근심할 우		그 기	다섯 오

백	비	구		차	제	당	작	불
百	比	丘		次	第	當	作	佛
일백 백	견줄 비	언덕 구		버금 차	차례 제	마땅히 당	지을 작	부처 불

동	호	왈	보	명		전	차	이	수
同	號	曰	普	明		轉	次	而	授
한가지 동	이름 호	가로 왈	널리 보	밝을 명		구를 전	버금 차	말이을 이	줄 수

기		아	멸	도	지	후		모	갑
記		我	滅	度	之	後		某	甲
기록할 기		나 아	멸할 멸	건널 도	어조사 지	뒤 후		아무 모	아무 갑

당	작	불		기	소	화	세	간
當	作	佛		其	所	化	世	間
마땅히 당	지을 작	부처 불		그 기	바 소	화할 화	세상 세	사이 간

법이 소멸하면 하늘천신과 사람 모두 슬퍼하리라.
여기 있는 오백 명 비구들도 차례로 성불하여 똑같이 이름을
보명불이라 부르고 돌아가며 서로서로 수기를 주되, '내가 열반한 뒤에는
앞으로 아무개가 성불하리니, 그 부처님께서 교화하시는 세상 역시

역	여	아	금	일		국	토	지	엄
亦	如	我	今	日		國	土	之	嚴
또 역	같을 여	나 아	이제 금	날 일		나라 국	흙 토	어조사 지	엄할 엄

정		급	제	신	통	력		보	살
淨		及	諸	神	通	力		菩	薩
깨끗할 정		및 급	모든 제	신통할 신	통할 통	힘 력		보리 보	보살 살

성	문	중		정	법	급	상	법
聲	聞	衆		正	法	及	像	法
소리 성	들을 문	무리 중		바를 정	법 법	및 급	형상 상	법 법

수	명	겁	다	소		개	여	상	소
壽	命	劫	多	少		皆	如	上	所
목숨 수	목숨 명	겁 겁	많을 다	적을 소		다 개	같을 여	위 상	바 소

설		가	섭	여	이	지		오	백
說		迦	葉	汝	已	知		五	百
말씀 설		막을 가	잎 엽(섭)	너 여	이미 이	알 지		다섯 오	일백 백

오늘날의 내 세상과 똑같으리라.'
그 부처님 세계의 장엄함과 깨끗함 모든 신통력과 보살이나 성문들
정법과 상법 또 수명의 길고 짧음 등도 앞서 말한 내용과 전부 똑같으리라.
가섭아! 너도 알다시피

자	재	자		여	제	성	문	중
自	在	者		餘	諸	聲	聞	衆
스스로 자	있을 재	놈 자		남을 여	모든 제	소리 성	들을 문	무리 중

역	당	부	여	시		기	부	재	차
亦	當	復	如	是		其	不	在	此
또 역	마땅히 당	다시 부	같을 여	이 시		그 기	아닐 부	있을 재	이 차

회		여	당	위	선	설		이	시
會		汝	當	爲	宣	說		爾	時
모임 회		너 여	마땅히 당	위할 위	베풀 선	말씀 설		그 이	때 시

오	백	아	라	한		어	불	전
五	百	阿	羅	漢		於	佛	前
다섯 오	일백 백	언덕 아	새그물 라	한수 한		어조사 어	부처 불	앞 전

득	수	기	이		환	희	용	약
得	受	記	已		歡	喜	踊	躍
얻을 득	받을 수	기록할 기	마칠 이		기쁠 환	기쁠 희	뛸 용	뛸 약

> 오백 명의 마음 자재한 아라한들과 그 나머지
> 다른 성문들의 미래도 역시 이와 같으리니, 여기 이 자리에
> 참석하지 못한 자들에게는 네가 마땅히 말해 주도록 하여라.
> 그때에 오백 명의 아라한들은 부처님 앞에서 친히 수기를 받고 뛸 듯이 좋아하였다.

즉	종	좌	기		도	어	불	전
卽	從	座	起		到	於	佛	前
곧 즉	좇을 종	자리 좌	일어날 기		이를 도	어조사 어	부처 불	앞 전

두	면	예	족		회	과	자	책
頭	面	禮	足		悔	過	自	責
머리 두	낯 면	예도 예	발 족		뉘우칠 회	허물 과	스스로 자	꾸짖을 책

세	존	아	등		상	작	시	념
世	尊	我	等		常	作	是	念
세상 세	높을 존	나 아	무리 등		항상 상	지을 작	이 시	생각 념

자	위	이	득		구	경	멸	도
自	謂	己	得		究	竟	滅	度
스스로 자	이를 위	이미 이	얻을 득		궁구할 구	다할 경	멸할 멸	건널 도

금	내	지	지		여	무	지	자
今	乃	知	之		如	無	智	者
이제 금	이에 내	알 지	어조사 지		같을 여	없을 무	슬기 지	놈 자

이윽고 곧 자리에서 일어나 부처님 앞에 나아가
머리 숙여 부처님 발에 절하고 참회하면서 말하였다.
"세존이시여! 저희들은 항상 '이미 궁극의 완전한 열반을 얻었다'고 생각했나이다.
그런데 이제 와서 알고 보니 참으로 어리석은 소견이었습니다.

소	이	자	하		아	등		응	득
所	以	者	何		我	等		應	得
바 소	써 이	놈 자	어찌 하		나 아	무리 등		응당히 응	얻을 득

여	래	지	혜		이	변	자	이	소
如	來	智	慧		而	便	自	以	小
같을 여	올 래	슬기 지	지혜 혜		말이을 이	문득 변	스스로 자	써 이	작을 소

지	위	족		세	존		비	여	유
智	爲	足		世	尊		譬	如	有
슬기 지	할 위	족할 족		세상 세	높을 존		비유할 비	같을 여	있을 유

인		지	친	우	가		취	주	이
人		至	親	友	家		醉	酒	而
사람 인		이를 지	친할 친	벗 우	집 가		취할 취	술 주	말이을 이

와		시	시	친	우		관	사	당
臥		是	時	親	友		官	事	當
누울 와		이 시	때 시	친할 친	벗 우		벼슬 관	일 사	마땅히 당

왜냐하면 저희들은 응당 여래의 지혜를 얻을 수 있었는데도,
스스로 작은 지혜에 만족해버렸기 때문입니다. 세존이시여!
예를 들어 어떤 가난한 사람이 친구네 집에 갔다가 술에 취해
잠이 들었습니다. 이때 마침 친구는 관청 일로 나가게 되었습니다.

행		이	무	가	보	주		계	기
行		以	無	價	寶	珠		繫	其
갈 행		써 이	없을 무	값 가	보배 보	구슬 주		맬 계	그 기

의	리		여	지	이	거		기	인
衣	裏		與	之	而	去		其	人
옷 의	속 리		줄 여	어조사 지	말이을 이	갈 거		그 기	사람 인

취	와		도	불	각	지		기	이
醉	臥		都	不	覺	知		起	已
취할 취	누울 와		도무지 도	아닐 불	깨달을 각	알 지		일어날 기	이미 이

유	행		도	어	타	국		위	의
遊	行		到	於	他	國		爲	衣
놀 유	갈 행		이를 도	어조사 어	다를 타	나라 국		위할 위	옷 의

식	고		근	력	구	색		심	대
食	故		勤	力	求	索		甚	大
먹을 식	연고 고		부지런할 근	힘 력	구할 구	찾을 색		심할 심	큰 대

친구는 값으로 따질 수 없이 귀한 보배구슬을 술에 취해 잠이 든 친구의 안 호주머니 속에 넣어주고 떠났습니다. 그렇지만 가난한 사람은 술에 취해 잠이 들어서 전혀 알아차리지 못하였답니다. 이윽고 잠에서 깨어난 그는 일어나서 걸식하며 돌아다니다가, 어느덧 다른 나라에까지 구걸하러 떠돌게 되었습니다. 의식을 해결하기 위해 부지런히 애를 쓰기는 했지만,

간	난		약	소	유	소	득		변
艱	難		若	少	有	所	得		便
어려울 간	어려울 난		만약 약	적을 소	있을 유	바 소	얻을 득		문득 변

이	위	족		어	후	친	우		회
以	爲	足		於	後	親	友		會
써 이	할 위	족할 족		어조사 어	뒤 후	친할 친	벗 우		모일 회

우	견	지		이	작	시	언		돌
遇	見	之		而	作	是	言		咄
만날 우	볼 견	어조사 지		말이을 이	지을 작	이 시	말씀 언		꾸짖을 돌

재	장	부		하	위	의	식		내
哉	丈	夫		何	爲	衣	食		乃
어조사 재	어른 장	사나이 부		어찌 하	위할 위	옷 의	먹을 식		이에 내

지	여	시		아	석	욕	령	여	득
至	如	是		我	昔	欲	令	汝	得
이를 지	같을 여	이 시		나 아	옛 석	하고자할 욕	하여금 령	너 여	얻을 득

고생이 이만저만 아니었습니다. 그리하여 혹 조금이라도 얻게 되면 곧 그것으로써
아주 만족하게 여기곤 하였습니다. 그러다 나중에 얼마인가 지나서 보배를 주었던 친구와
다시 만나게 되었습니다. 친구가 그에게 말하기를, '이 한심한 사람 좀 보게나!
어찌 옷과 밥을 얻어먹느라 이 지경이 되었단 말인가! 내가 예전에 자네로 하여금

안	락		오	욕	자	자		어	모
安	樂		五	欲	自	恣		於	某
편안할 안	즐길 락		다섯 오	욕심 욕	스스로 자	방자할 자		어조사 어	아무 모

년	일	월		이	무	가	보	주
年	日	月		以	無	價	寶	珠
해 년	날 일	달 월		써 이	없을 무	값 가	보배 보	구슬 주

계	여	의	리		금	고	현	재
繫	汝	衣	裏		今	故	現	在
맬 계	너 여	옷 의	속 리		이제 금	옛 고	지금 현	있을 재

이	여	부	지		근	고	우	뇌
而	汝	不	知		勤	苦	憂	惱
말이을 이	너 여	아닐 부	알 지		부지런할 근	괴로울 고	근심할 우	괴로워할 뇌

이	구	자	활		심	위	치	야
以	求	自	活		甚	爲	癡	也
써 이	구할 구	스스로 자	살 활		심할 심	할 위	어리석을 치	어조사 야

오욕락을 즐기며 편히 살게끔 하고자, 아무 해 몇 월 며칟날에
값으로 따질 수 없이 귀한 보배구슬을 자네 옷 안 호주머니 속에 넣어주지 않았던가.
아마 지금도 그대로 있을 걸세. 자네는 그것도 모르고 이리 고생하며 궁색하게 살고 있으니,
아 정말 바보가 따로 없지 않은가!

여	금	가	이	차	보		무	역	소
汝	今	可	以	此	寶		貿	易	所
너 여	이제 금	가히 가	써 이	이 차	보배 보		바꿀 무	바꿀 역	바 소

수		상	가	여	의		무	소	핍
須		常	可	如	意		無	所	乏
필요할 수		항상 상	가히 가	같을 여	뜻 의		없을 무	바 소	가난할 핍

단		불	역	여	시		위	보	살
短		佛	亦	如	是		爲	菩	薩
짧을 단		부처 불	또 역	같을 여	이 시		할 위	보리 보	보살 살

시		교	화	아	등		영	발	일
時		敎	化	我	等		令	發	一
때 시		가르칠 교	화할 화	나 아	무리 등		하여금 영	필 발	한 일

체	지	심		이	심	폐	망		부
切	智	心		而	尋	廢	忘		不
모두 체	슬기 지	마음 심		말이을 이	곧 심	폐할 폐	잊을 망		아닐 부

자네는 지금 당장이라도 이 보배를 팔아서 필요한 돈으로 바꾸도록 하게.
그래 언제나 쓰고 싶은 만큼 맘대로 쓰면서 행여 부족한 것이 없도록 하게나!'
부처님께서도 이와 같이 보살로 계셨을 때 저희들을 교화하시어, 저희들로 하여금
일체지 구하는 마음을 내게끔 하시었나이다. 그런데도 저희들은 곧 그것을 잊어버려서

지	불	각		기	득	아	라	한	도
知	不	覺		旣	得	阿	羅	漢	道
알지	아닐불	깨달을각		이미기	얻을득	언덕아	새그물라	한수한	길도
자	위	멸	도		자	생	간	난	
自	謂	滅	度		資	生	艱	難	
스스로자	이를위	멸할멸	건널도		재물자	날생	어려울간	어려울난	
득	소	위	족		일	체	지	원	
得	少	爲	足		一	切	智	願	
얻을득	적을소	할위	족할족		한일	모두체	슬기지	원할원	
유	재	불	실		금	자	세	존	
猶	在	不	失		今	者	世	尊	
오히려유	있을재	아닐불	잃을실		이제금	놈자	세상세	높을존	
각	오	아	등		작	여	시	언	
覺	悟	我	等		作	如	是	言	
깨달을각	깨달을오	나아	무리등		지을작	같을여	이시	말씀언	

알지 못하고 깨닫지도 못한 채, 이미 아라한도를 얻었으니 스스로 열반을 얻었다고 생각했나이다.
다시 말해 사는 것이 어려우니 적은 것을 얻고도 만족하게 여겼던 셈입니다. 하지만
일체지를 얻고자 하는 서원만은 아직도 그대로 남아 있어 완전히 잃어버린 것은 아닙니다.
따라서 지금 세존께서 저희들을 깨우치려고 말씀하시기를,

제	비	구		여	등	소	득		비
諸	比	丘		汝	等	所	得		非
모든 제	견줄 비	언덕 구		너 여	무리 등	바 소	얻을 득		아닐 비

구	경	멸		아	구	령	여	등
究	竟	滅		我	久	令	汝	等
궁구할 구	다할 경	멸할 멸		나 아	오랠 구	하여금 령	너 여	무리 등

종	불	선	근		이	방	편	고
種	佛	善	根		以	方	便	故
심을 종	부처 불	착할 선	뿌리 근		써 이	처방 방	편할 편	연고 고

시	열	반	상		이	여	위	위
示	涅	槃	相		而	汝	謂	爲
보일 시	개흙 열	쟁반 반	모양 상		말이을 이	너 여	이를 위	할 위

실	득	멸	도		세	존		아	금
實	得	滅	度		世	尊		我	今
진실 실	얻을 득	멸할 멸	건널 도		세상 세	높을 존		나 아	이제 금

'모든 비구들아, 너희들이 얻은 것은 궁극의 완전한 열반이 아니니라.
나는 오래 전부터 너희들로 하여금 부처님이 되는 선근을 심게 하려고 방편을 써서
일부러 열반의 상태만 보여줬을 뿐인데, 너희들은 실지로 열반을 얻은 줄로 착각하고 있구나!'
세존이시여! 저희들은 지금에야

내	지		실	시	보	살		득	수
乃	知		實	是	菩	薩		得	受
이에 내	알 지		진실 실	이 시	보리 보	보살 살		얻을 득	받을 수

아	뇩	다	라	삼	먁	삼	보	리	기
阿	耨	多	羅	三	藐	三	菩	提	記
언덕 아	김맬 누(뇩)	많을 다	새그물 라	석 삼	아득할 막(먁)	석 삼	보리 보	끌 제(리)	기록할 기

이	시	인	연		심	대	환	희	
以	是	因	緣		甚	大	歡	喜	
써 이	이 시	인할 인	인연 연		심할 심	큰 대	기쁠 환	기쁠 희	

득	미	증	유		이	시		아	야
得	未	曾	有		爾	時		阿	若
얻을 득	아닐 미	일찍 증	있을 유		그 이	때 시		언덕 아	같을 약(야)

교	진	여	등		욕	중	선	차	의
憍	陳	如	等		欲	重	宣	此	義
교만할 교	베풀 진	같을 여	무리 등		하고자할 욕	거듭할 중	베풀 선	이 차	의미 의

참된 보살로 아뇩다라삼먁삼보리의 수기를 받았다는 걸
비로소 확실히 알겠나이다. 이런 이유로 매우 크게 환희하며
일찍이 없던 희유함을 느끼옵니다."
그때 아야교진여와 오백 명의 다른 비구들이 거듭 의미를 표현하고자

이	설	게	언		아	등	문	무	상
而	說	偈	言		我	等	聞	無	上
말이을이	말씀설	게송게	말씀언		나아	무리등	들을문	없을무	위상

안	은	수	기	성		환	희	미	증
安	隱	授	記	聲		歡	喜	未	曾
편안할안	편안할은	줄수	기록할기	소리성		기쁠환	기쁠희	아닐미	일찍증

유		예	무	량	지	불		금	어
有		禮	無	量	智	佛		今	於
있을유		예도예	없을무	헤아릴량	슬기지	부처불		이제금	어조사어

세	존	전		자	회	제	과	구	
世	尊	前		自	悔	諸	過	咎	
세상세	높을존	앞전		스스로자	뉘우칠회	모든제	허물과	허물구	

어	무	량	불	보		득	소	열	반
於	無	量	佛	寶		得	少	涅	槃
어조사어	없을무	헤아릴량	부처불	보배보		얻을득	적을소	개흙열	쟁반반

게송으로 사뢰었다.
　　위없이 가장 편안하게 수기 주시는 부처님 음성을 듣사옵고, 저희들 환희로워
　　일찍이 없던 희유함을 느끼며 한없이 지혜로우신 부처님께 절하옵나이다.
　　지금 세존 앞에서 비로소 모든 잘못 참회하건대, 한량없는 부처님의 보배 가운데에서 열반의

분		여	무	지	우	인		변	자
分		如	無	智	愚	人		便	自
나눌 분		같을 여	없을 무	슬기 지	어리석을 우	사람 인		문득 변	스스로 자

이	위	족		비	여	빈	궁	인	
以	爲	足		譬	如	貧	窮	人	
써 이	할 위	족할 족		비유할 비	같을 여	가난할 빈	궁할 궁	사람 인	

왕	지	친	우	가		기	가	심	대
往	至	親	友	家		其	家	甚	大
갈 왕	이를 지	친할 친	벗 우	집 가		그 기	집 가	심할 심	큰 대

부		구	설	제	효	선		이	무
富		具	設	諸	餚	饍		以	無
부자 부		갖출 구	베풀 설	모든 제	반찬 효	반찬 선		써 이	없을 무

가	보	주		계	착	내	의	리	
價	寶	珠		繫	著	內	衣	裏	
값 가	보배 보	구슬 주		맬 계	붙일 착	안 내	옷 의	속 리	

일부분만 조금 얻고는 어리석고 무지한 사람처럼 스스로 만족해 버렸나이다.
예를 들어 가난한 사람이 친구집에 놀러갔는데
친구는 아주 큰 부자라서 온갖 음식으로 대접하고
값으로 따질 수 없이 귀한 보배구슬을 안 호주머니에 넣어주고는

묵	여	이	사	거		시	와	불	각
黙	與	而	捨	去		時	臥	不	覺
묵묵할 묵	줄 여	말이을 이	버릴 사	갈 거		때 시	누울 와	아닐 불	깨달을 각

지		시	인	기	이	기		유	행
知		是	人	旣	己	起		遊	行
알 지		이 시	사람 인	이미 기	이미 이	일어날 기		놀 유	갈 행

예	타	국		구	의	식	자	제	
詣	他	國		求	衣	食	自	濟	
이를 예	다를 타	나라 국		구할 구	옷 의	먹을 식	스스로 자	건널 제	

자	생	심	간	난		득	소	변	위
資	生	甚	艱	難		得	少	便	爲
재물 자	날 생	심할 심	어려울 간	어려울 난		얻을 득	적을 소	문득 변	할 위

족		갱	불	원	호	자		불	각
足		更	不	願	好	者		不	覺
족할 족		다시 갱	아닐 불	원할 원	좋을 호	놈 자		아닐 불	깨달을 각

볼 일이 있어 말없이 먼저 나가버렸나이다. 당시 그는
잠이 들어 알지 못한 채 깨어나 걸식하며 돌아다니다 외국에까지 나가
옷과 밥을 빌어 혼자 먹고사느라고 고생이 이만저만 아니었나이다.
그래서 형편없는 음식을 얻어도 만족해 하며 좋은 음식은 아예 원하지도 아니했나니,

내	의	리		유	무	가	보	주
內	衣	裏		有	無	價	寶	珠
안내	옷의	속리		있을유	없을무	값가	보배보	구슬주

여	주	지	친	우		후	견	차	빈
與	珠	之	親	友		後	見	此	貧
줄여	구슬주	어조사지	친할친	벗우		뒤후	볼견	이차	가난할빈

인		고	절	책	지	이		시	이
人		苦	切	責	之	已		示	以
사람인		괴로울고	심할절	꾸짖을책	어조사지	마칠이		보일시	써이

소	계	주		빈	인	견	차	주
所	繫	珠		貧	人	見	此	珠
바소	맬계	구슬주		가난할빈	사람인	볼견	이차	구슬주

기	심	대	환	희		부	유	제	재
其	心	大	歡	喜		富	有	諸	財
그기	마음심	큰대	기쁠환	기쁠희		부자부	있을유	모든제	재물재

안 호주머니 속에 값으로 따질 수 없이 귀한 그런 보배구슬이 있는 줄은 꿈에도 생각지 못했나이다.
구슬을 주었던 절친한 벗은 나중에 가난한 친구를 다시 만나게 되었는데 몹시 속상해 하며
책망하면서 그때 넣어줬던 구슬을 직접 꺼내 보여주자, 그 구슬을 본 가난한 친구
마음이 그야말로 크게 환희하여 모든 재물 부귀하게 갖추고는

물		오	욕	이	자	자		아	등
物		五	欲	而	自	恣		我	等
만물 물		다섯 오	욕심 욕	말이을 이	스스로 자	방자할 자		나 아	무리 등

역	여	시		세	존	어	장	야
亦	如	是		世	尊	於	長	夜
또 역	같을 여	이 시		세상 세	높을 존	어조사 어	길 장	밤 야

상	민	견	교	화		영	종	무	상
常	愍	見	敎	化		令	種	無	上
항상 상	가엾을 민	볼 견	가르칠 교	화할 화		하여금 영	심을 종	없을 무	위 상

원		아	등	무	지	고		불	각
願		我	等	無	智	故		不	覺
원할 원		나 아	무리 등	없을 무	슬기 지	연고 고		아닐 불	깨달을 각

역	부	지		득	소	열	반	분
亦	不	知		得	少	涅	槃	分
또 역	아닐 부	알 지		얻을 득	적을 소	개흙 열	쟁반 반	나눌 분

오욕락을 마음껏 누리게 되었나이다. 저희들도 또한 이와 같아서
세존께서 기나긴 세월 동안 늘 저희를 가엾이 여기고 교화하시어
위없이 높은 깨달음의 원력을 세우게 하셨으나, 저희들이 지혜가 모자란 탓에
그것을 깨닫지 못하고 알지 못하여 열반의 일부분만 조금 얻고는

자	족	불	구	여		금	불	각	오
自	足	不	求	餘		今	佛	覺	悟
스스로 자	족할 족	아닐 불	구할 구	남을 여		이제 금	부처 불	깨달을 각	깨달을 오

아		언	비	실	멸	도		득	불
我		言	非	實	滅	度		得	佛
나 아		말씀 언	아닐 비	진실 실	멸할 멸	건널 도		얻을 득	부처 불

무	상	혜		이	내	위	진	멸
無	上	慧		爾	乃	爲	眞	滅
없을 무	위 상	지혜 혜		그 이	이에 내	할 위	참 진	멸할 멸

아	금	종	불	문		수	기	장	엄
我	今	從	佛	聞		授	記	莊	嚴
나 아	이제 금	좇을 종	부처 불	들을 문		줄 수	기록할 기	꾸밀 장	엄할 엄

사		급	전	차	수	결		신	심
事		及	轉	次	受	決		身	心
일 사		및 급	구를 전	버금 차	받을 수	결단할 결		몸 신	마음 심

스스로 흡족해서 더 이상 구하려고도 하지 않았나이다. 지금 부처님께서 저희들을 깨우쳐
저희가 얻은 건 진짜 열반이 아니라고 말씀하시며 부처님의 위없이 높은
지혜를 얻어야만 참된 열반이라 하시고, 이제 부처님으로부터 친히 성불의 수기와
국토 장엄에 관한 내용 더욱이 차례대로 수기하리라는 말씀을 듣고는

변	환	희						
遍	歡	喜						
두루 편(변)	기쁠 환	기쁠 희						

저희들의 몸과 마음 기쁘고 즐겁기 한량없나이다.

제	구		수	학	무	학	인	기	품
第	九		授	學	無	學	人	記	品
차례 제	아홉 구		줄 수	배울 학	없을 무	배울 학	사람 인	기록할 기	가지 품

이	시		아	난		라	후	라
爾	時		阿	難		羅	睺	羅
그 이	때 시		언덕 아	어려울 난		새그물 라	애꾸눈 후	새그물 라

이	작	시	념		아	등		매	자
而	作	是	念		我	等		每	自
말 이을 이	지을 작	이 시	생각 념		나 아	무리 등		매양 매	스스로 자

사	유		설	득	수	기		불	역
思	惟		設	得	授	記		不	亦
생각할 사	생각할 유		베풀 설	얻을 득	줄 수	기록할 기		아닐 불	또 역

쾌	호		즉	종	좌	기		도	어
快	乎		卽	從	座	起		到	於
쾌할 쾌	어조사 호		곧 즉	좇을 종	자리 좌	일어날 기		이를 도	어조사 어

제9 수학무학인기품

그때 아난과 라후라가 이렇게 생각하였다.

'우리들도 매양 학수고대했던 것처럼 수기를 받을 수 있다면 얼마나 좋을까!'

이윽고 아난과 라후라는 곧 자리에서 일어나,

불	전		두	면	예	족		구	백
佛	前		頭	面	禮	足		俱	白
부처 불	앞 전		머리 두	낯 면	예도 예	발 족		함께 구	사뢸 백

불	언		세	존		아	등	어	차
佛	言		世	尊		我	等	於	此
부처 불	말씀 언		세상 세	높을 존		나 아	무리 등	어조사 어	이 차

역	응	유	분		유	유	여	래
亦	應	有	分		唯	有	如	來
또 역	응당히 응	있을 유	나눌 분		오직 유	있을 유	같을 여	올 래

아	등	소	귀		우	아	등		위
我	等	所	歸		又	我	等		爲
나 아	무리 등	바 소	돌아갈 귀		또 우	나 아	무리 등		할 위

일	체	세	간		천	인	아	수	라
一	切	世	間		天	人	阿	修	羅
한 일	모두 체	세상 세	사이 간		하늘 천	사람 인	언덕 아	닦을 수	새그물 라

부처님 앞에 나아가 머리 숙여 부처님 발에 절하고는 함께 사뢰었다.
"세존이시여! 저희도 응당 수기를 받을 만한 몫이 조금은 있지 않을까 합니다.
저희들이 믿고 귀의할 대상은 오직 여래뿐이니까요.
게다가 저희들은 일체 세간의 하늘천신·인간·아수라들에게도

소	견	지	식		아	난		상	위
所	見	知	識		阿	難		常	爲
바 소	볼 견	알 지	알 식		언덕 아	어려울 난		항상 상	할 위

시	자		호	지	법	장		라	후
侍	者		護	持	法	藏		羅	睺
모실 시	놈 자		보호할 호	가질 지	법 법	곳간 장		새그물 라	애꾸눈 후

라		시	불	지	자		약	불	견
羅		是	佛	之	子		若	佛	見
새그물 라		이 시	부처 불	어조사 지	아들 자		만약 약	부처 불	볼 견

수	아	뇩	다	라	삼	먁	삼	보
授	阿	耨	多	羅	三	藐	三	菩
줄 수	언덕 아	김맬 누(뇩)	많을 다	새그물 라	석 삼	아득할 막(먁)	석 삼	보리 보

리	기	자		아	원	기	만		중
提	記	者		我	願	旣	滿		衆
끝 제(리)	기록할 기	놈 자		나 아	원할 원	이미 기	찰 만		무리 중

잘 알려져 있지 않습니까? 보시다시피 여기 아난은 항상 시자가 되어
법장을 수호하여 간직하고 있으며, 라후라는 바로 부처님의 친아들이니까요.
만약 부처님께서 저희에게 아뇩다라삼먁삼보리의 수기를 주신다면,
저희들의 소원이 만족하게 될 뿐더러

망	역	족		이	시		학	무	학
望	亦	足		爾	時		學	無	學
바랄 망	또 역	족할 족		그 이	때 시		배울 학	없을 무	배울 학

성	문	제	자	이	천	인			개
聲	聞	弟	子	二	千	人			皆
소리 성	들을 문	아우 제	아들 자	두 이	일천 천	사람 인			다 개

종	좌	기		편	단	우	견		도
從	座	起		偏	袒	右	肩		到
좇을 종	자리 좌	일어날 기		치우칠 편	옷벗어맬 단	오른쪽 우	어깨 견		이를 도

어	불	전		일	심	합	장		첨
於	佛	前		一	心	合	掌		瞻
어조사 어	부처 불	앞 전		한 일	마음 심	합할 합	손바닥 장		볼 첨

앙	세	존		여	아	난	라	후	라
仰	世	尊		如	阿	難	羅	睺	羅
우러를 앙	세상 세	높을 존		같을 여	언덕 아	어려울 난	새그물 라	애꾸눈 후	새그물 라

여러 사람들의 소망도 만족하게 될 것입니다."
그때 성문제자 가운데 이천 명의 유학인과 무학인들이 모두 자리로부터 일어나서,
오른쪽 어깨를 드러내고 부처님 앞으로 나아갔다. 그들은 모두
일심으로 합장한 채 세존을 우러러보며, 아난과 라후라와 같이

소	원		주	립	일	면		이	시
所	願		住	立	一	面		爾	時
바소	원할원		머물주	설립	한일	방위면		그이	때시

불	고	아	난		여	어	내	세
佛	告	阿	難		汝	於	來	世
부처불	알릴고	언덕아	어려울난		너여	어조사어	올내	세상세

당	득	작	불		호	산	해	혜	자
當	得	作	佛		號	山	海	慧	自
마땅히당	얻을득	지을작	부처불		이름호	뫼산	바다해	지혜혜	스스로자

재	통	왕	여	래		응	공		정
在	通	王	如	來		應	供		正
있을재	통할통	임금왕	같을여	올래		응당히응	이바지할공		바를정

변	지		명	행	족		선	서
遍	知		明	行	足		善	逝
두루편(변)	알지		밝을명	행할행	족할족		착할선	갈서

소원을 사뢰고 한쪽으로 물러났다.
그러자 부처님께서 아난에게 이르시었다.
"너는 오는 세상에 반드시 성불하리니, 부처님 이름은
산해혜자재통왕여래·응공·정변지·명행족·선서·

세	간	해		무	상	사		조	어
世	間	解		無	上	士		調	御
세상 세	사이 간	풀 해		없을 무	위 상	선비 사		고를 조	길들일 어

장	부		천	인	사		불	세	존
丈	夫		天	人	師		佛	世	尊
어른 장	사나이 부		하늘 천	사람 인	스승 사		부처 불	세상 세	높을 존

당	공	양		육	십	이	억	제	불
當	供	養		六	十	二	億	諸	佛
마땅히 당	이바지할 공	기를 양		여섯 육	열 십	두 이	억 억	모든 제	부처 불

호	지	법	장	연	후		득	아	뇩
護	持	法	藏	然	後		得	阿	耨
보호할 호	가질 지	법 법	곳간 장	그러할 연	뒤 후		얻을 득	언덕 아	김맬 누(뇩)

다	라	삼	먁	삼	보	리		교	화
多	羅	三	藐	三	菩	提		教	化
많을 다	새그물 라	석 삼	아득할 막(먁)	석 삼	보리 보	끌 제(리)		가르칠 교	화할 화

세간해·무상사·조어장부·천인사·불세존이니라.
앞으로 육십이억 많은 부처님들께 공양올리고,
부처님의 법문을 수호하여 지닌 다음에
아뇩다라삼먁삼보리를 얻으리라.

이	십	천	만	억		항	하	사	
二	十	千	萬	億		恒	河	沙	
두 이	열 십	일천 천	일만 만	억 억		항상 항	물 하	모래 사	

제	보	살	등		영	성	아	뇩	다
諸	菩	薩	等		令	成	阿	耨	多
모든 제	보리 보	보살 살	무리 등		하여금 영	이룰 성	언덕 아	김맬 누(뇩)	많을 다

라	삼	먁	삼	보	리		국	명	상
羅	三	藐	三	菩	提		國	名	常
새그물 라	석 삼	아득할 막(먁)	석 삼	보리 보	끌 제(리)		나라 국	이름 명	항상 상

립	승	번		기	토	청	정		유
立	勝	幡		其	土	清	淨		琉
설 립	이길 승	기 번		그 기	흙 토	맑을 청	깨끗할 정		유리 유

리	위	지		겁	명	묘	음	변	만
璃	爲	地		劫	名	妙	音	遍	滿
유리 리	할 위	땅 지		겁 겁	이름 명	묘할 묘	소리 음	두루 편(변)	찰 만

그리고 이십천만억 항하의 모래알처럼 무수히 많은
보살들을 교화하여 아뇩다라삼먁삼보리를 이루게 하리라.
그 세계의 이름은 상립승번이며, 그 땅은 청정하여
청보석의 유리로 땅이 되고 시대의 이름은 묘음변만이니라.

기	불	수	명		무	량	천	만	억
其	佛	壽	命		無	量	千	萬	億
그 기	부처 불	목숨 수	목숨 명		없을 무	헤아릴 량	일천 천	일만 만	억 억

아	승	기	겁		약	인	어	천	만
阿	僧	祇	劫		若	人	於	千	萬
언덕 아	중 승	토지신 기	겁 겁		만약 약	사람 인	어조사 어	일천 천	일만 만

억		무	량	아	승	기	겁	중
億		無	量	阿	僧	祇	劫	中
억 억		없을 무	헤아릴 량	언덕 아	중 승	토지신 기	겁 겁	가운데 중

산	수	교	계		불	능	득	지
算	數	校	計		不	能	得	知
셀 산	셀 수	셀 교	셀 계		아닐 불	능할 능	얻을 득	알 지

정	법	주	세		배	어	수	명
正	法	住	世		倍	於	壽	命
바를 정	법 법	머물 주	세상 세		곱 배	어조사 어	목숨 수	목숨 명

그 산해혜자재통왕 부처님의 수명은 한량없는 천만억 아승기 겁의
무량세월이니, 어떤 사람이 천만억 한량없는 아승기 겁 동안에
아무리 숫자로 헤아려 보려고 할지라도 전혀 알 수가 없느니라.
정법이 세상에 머무는 기간은 수명의 두 배가 되고,

상	법	주	세		부	배	정	법
像	法	住	世		復	倍	正	法
형상상	법법	머물주	세상세		다시부	곱배	바를정	법법

아	난		시	산	해	혜	자	재	통
阿	難		是	山	海	慧	自	在	通
언덕아	어려울난		이시	뫼산	바다해	지혜혜	스스로자	있을재	통할통

왕	불		위	시	방	무	량	천	만
王	佛		爲	十	方	無	量	千	萬
임금왕	부처불		할위	열십(시)	방위방	없을무	헤아릴량	일천천	일만만

억		항	하	사	등		제	불	여
億		恒	河	沙	等		諸	佛	如
억억		항상항	물하	모래사	같을등		모든제	부처불	같을여

래		소	공	찬	탄		칭	기	공
來		所	共	讚	歎		稱	其	功
올래		바소	함께공	칭찬할찬	찬탄할탄		일컬을칭	그기	공공

상법이 세상에 머무는 기간은 다시 정법의 두 배가 되리라.
아난아! 산해혜자재통왕불은 시방세계 한량없는 천만억 항하의
모래알처럼 무수히 계시는 제불여래의 찬탄을 받는 동시에
그 공덕을 칭찬 받게 되리라."

덕		이	시	세	존		욕	중	선
德		爾	時	世	尊		欲	重	宣
덕 덕		그 이	때 시	세상 세	높을 존		하고자할 욕	거듭할 중	베풀 선

차	의		이	설	게	언		아	금
此	義		而	說	偈	言		我	今
이 차	의미 의		말이을 이	말씀 설	게송 게	말씀 언		나 아	이제 금

승	중	설		아	난	지	법	자	
僧	中	說		阿	難	持	法	者	
중 승	가운데 중	말씀 설		언덕 아	어려울 난	가질 지	법 법	놈 자	

당	공	양	제	불		연	후	성	정
當	供	養	諸	佛		然	後	成	正
마땅히 당	이바지할 공	기를 양	모든 제	부처 불		그러할 연	뒤 후	이룰 성	바를 정

각		호	왈	산	해	혜		자	재
覺		號	曰	山	海	慧		自	在
깨달을 각		이름 호	가로 왈	뫼 산	바다 해	지혜 혜		스스로 자	있을 재

그때 세존께서 거듭 의미를 표현하시고자 게송으로 말씀하셨다.
　　　내가 이제 대중들에게 말하건대 법을 잘 기억하는 아난은
　　　앞으로 많은 부처님들께 공양드린 다음 그 후에 정각을 이루리라.
　　　부처님 이름은 산해혜자재통왕불이며

통	왕	불		기	국	토	청	정	
通	王	佛		其	國	土	淸	淨	
통할 통	임금 왕	부처 불		그 기	나라 국	흙 토	맑을 청	깨끗할 정	

명	상	립	승	번		교	화	제	보
名	常	立	勝	幡		敎	化	諸	菩
이름 명	항상 상	설 립	이길 승	기 번		가르칠 교	화할 화	모든 제	보리 보

살		기	수	여	항	사		불	유
薩		其	數	如	恒	沙		佛	有
보살 살		그 기	셀 수	같을 여	항상 항	모래 사		부처 불	있을 유

대	위	덕		명	문	만	시	방	
大	威	德		名	聞	滿	十	方	
큰 대	위엄 위	덕 덕		이름 명	들을 문	찰 만	열 십(시)	방위 방	

수	명	무	유	량		이	민	중	생
壽	命	無	有	量		以	愍	衆	生
목숨 수	목숨 명	없을 무	있을 유	헤아릴 량		써 이	가엾을 민	무리 중	날 생

그 세계 청정하여 상립승번이라 부르고 많은 보살들을
교화하리니 그 수효 항하의 모래알처럼 많으리라.
그 부처님 큰 위덕 갖추시어 명성이 시방에 가득 차되
수명도 한량없이 길거니 중생을 불쌍히 여기시기 때문이니라.

고		정	법	배	수	명		상	법
故		正	法	倍	壽	命		像	法
연고 고		바를 정	법 법	곱 배	목숨 수	목숨 명		형상 상	법 법

부	배	시		여	항	하	사	등
復	倍	是		如	恒	河	沙	等
다시 부	곱 배	이 시		같을 여	항상 항	물 하	모래 사	같을 등

무	수	제	중	생		어	차	불	법
無	數	諸	眾	生		於	此	佛	法
없을 무	셀 수	모든 제	무리 중	날 생		어조사 어	이 차	부처 불	법 법

중		종	불	도	인	연		이	시
中		種	佛	道	因	緣		爾	時
가운데 중		심을 종	부처 불	길 도	인할 인	인연 연		그 이	때 시

회	중		신	발	의	보	살		팔
會	中		新	發	意	菩	薩		八
모임 회	가운데 중		새 신	필 발	뜻 의	보리 보	보살 살		여덟 팔

정법은 수명의 두 배가 되고 상법은 다시 정법의 두 배가 되어
항하 모래알처럼 무수히 많은 중생들이
그 부처님 법 가운데에서 불도의 인연을 심으리라.
그때 모임 가운데 처음 발심한

천	인		함	작	시	념		아	등
千	人		咸	作	是	念		我	等
일천 천	사람 인		다 함	지을 작	이 시	생각 념		나 아	무리 등

상	불	문		제	대	보	살		득
尙	不	聞		諸	大	菩	薩		得
오히려 상	아닐 불	들을 문		모든 제	큰 대	보리 보	보살 살		얻을 득

여	시	기		유	하	인	연		이
如	是	記		有	何	因	緣		而
같을 여	이 시	기록할 기		있을 유	어찌 하	인할 인	인연 연		말이을 이

제	성	문		득	여	시	결		이
諸	聲	聞		得	如	是	決		爾
모든 제	소리 성	들을 문		얻을 득	같을 여	이 시	결단할 결		그 이

시	세	존		지	제	보	살		심
時	世	尊		知	諸	菩	薩		心
때 시	세상 세	높을 존		알 지	모든 제	보리 보	보살 살		마음 심

팔천 명의 보살들이 모두 이렇게 생각하였다.
'다른 대보살들도 이와 같이 성불할 것이라고 수기 받는 것을 우리들은 한 번도 듣지 못하였도다.
그런데 무슨 사연으로 한낱 성문 따위가 이와 같이 성불한다는 증명을 받는 것일까?'
그때 세존께서 여러 보살들이

지	소	념		이	고	지	왈		제
之	所	念		而	告	之	曰		諸
어조사 지	바 소	생각할 념		말이을 이	알릴 고	어조사 지	가로 왈		모든 제

선	남	자		아	여	아	난	등
善	男	子		我	與	阿	難	等
착할 선	사내 남	아들 자		나 아	더불어 여	언덕 아	어려울 난	무리 등

어	공	왕	불	소		동	시		발
於	空	王	佛	所		同	時		發
어조사 어	빌 공	임금 왕	부처 불	곳 소		한가지 동	때 시		필 발

아	뇩	다	라	삼	먁	삼	보	리	심
阿	耨	多	羅	三	藐	三	菩	提	心
언덕 아	김맬 누(뇩)	많을 다	새그물 라	석 삼	아득할 막(먁)	석 삼	보리 보	끌 제(리)	마음 심

아	난		상	락	다	문		아	
阿	難		常	樂	多	聞		我	
언덕 아	어려울 난		항상 상	즐길 락	많을 다	들을 문		나 아	

마음속으로 생각하는 바를 아시고 말씀하셨다.
"여러 선남자들이여! 나와 아난은 똑같이 공왕 부처님 처소에서
동시에 아뇩다라삼먁삼보리심을 일으켰었느니라.
아난은 항상 가르침을 많이 듣는 것만 좋아했지만, 나는

상	근	정	진		시	고		아	이
常	勤	精	進		是	故		我	已
항상 상	부지런할 근	정미할 정	나아갈 진		이 시	연고 고		나 아	이미 이

득	성		아	뇩	다	라	삼	먁	삼
得	成		阿	耨	多	羅	三	藐	三
얻을 득	이룰 성		언덕 아	김맬 누(뇩)	많을 다	새그물 라	석 삼	아득할 막(먁)	석 삼

보	리		이	아	난		호	지	아
菩	提		而	阿	難		護	持	我
보리 보	끌 제(리)		말이을 이	언덕 아	어려울 난		보호할 호	가질 지	나 아

법		역	호	장	래		제	불	법
法		亦	護	將	來		諸	佛	法
법 법		또 역	보호할 호	장차 장	올 래		모든 제	부처 불	법 법

장		교	화	성	취		제	보	살
藏		敎	化	成	就		諸	菩	薩
곳간 장		가르칠 교	화할 화	이룰 성	이룰 취		모든 제	보리 보	보살 살

늘 부지런히 정진하고 수행하였느니라. 그래서 나는 벌써
아뇩다라삼먁삼보리를 이루었으되, 아난은 여전히 나의 가르침만 지키며
기억하고 있느니라. 또한 미래 여러 부처님들의 법문도 잘 지켜서,
많은 보살대중들을 교화하고 성취케 하리라.

중		기	본	원	여	시		고	획
衆		其	本	願	如	是		故	獲
무리 중		그 기	근본 본	원할 원	같을 여	이 시		연고 고	얻을 획

사	기		아	난		면	어	불	전
斯	記		阿	難		面	於	佛	前
이 사	기록할 기		언덕 아	어려울 난		향할 면	어조사 어	부처 불	앞 전

자	문	수	기		급	국	토	장	엄
自	聞	授	記		及	國	土	莊	嚴
스스로 자	들을 문	줄 수	기록할 기		및 급	나라 국	흙 토	꾸밀 장	엄할 엄

소	원	구	족		심	대	환	희	
所	願	具	足		心	大	歡	喜	
바 소	원할 원	갖출 구	족할 족		마음 심	큰 대	기쁠 환	기쁠 희	

득	미	증	유		즉	시	억	념	
得	未	曾	有		卽	時	憶	念	
얻을 득	아닐 미	일찍 증	있을 유		곧 즉	때 시	생각할 억	생각할 념	

그의 근본서원이 이와 같으므로 이런 수기를 받게 된 것이니라."
아난은 부처님 앞에서 직접 수기를 받고, 그 세계의 장엄스런 모습에 대해서도 들었다.
이렇게 원하던 바가 달성되자 아난의 마음은 크게 환희하여
일찍이 없던 희유함을 느꼈다. 그리하여 즉시

제9 수학무학인기품

과	거	무	량	천	만	억		제	불
過	去	無	量	千	萬	億		諸	佛
지날 과	갈 거	없을 무	헤아릴 량	일천 천	일만 만	억 억		모든 제	부처 불

법	장		통	달	무	애		여	금
法	藏		通	達	無	礙		如	今
법 법	곳간 장		통할 통	통달할 달	없을 무	거리낄 애		같을 여	이제 금

소	문		역	식	본	원		이	시
所	聞		亦	識	本	願		爾	時
바 소	들을 문		또 역	알 식	근본 본	원할 원		그 이	때 시

아	난		이	설	게	언		세	존
阿	難		而	說	偈	言		世	尊
언덕 아	어려울 난		말이을 이	말씀 설	게송 게	말씀 언		세상 세	높을 존

심	희	유		영	아	념	과	거	
甚	希	有		令	我	念	過	去	
심할 심	드물 희	있을 유		하여금 영	나 아	생각할 념	지날 과	갈 거	

過去의 한량없는 천만억 모든 부처님들의 법문까지 다 기억해내어 통달하게 되니, 마치 지금 막 듣는 것처럼 하나도 막힘이 없었다. 그리고 자신이 처음 세웠던 근본서원이 무엇인지 분명히 알게 되었다. 그때 아난이 게송으로 사뢰었다.
　　　세존 매우 희유하사 저로 하여금 과거의

무	량	제	불	법		여	금	일	소
無	量	諸	佛	法		如	今	日	所
없을무	헤아릴량	모든제	부처불	법법		같을여	이제금	날일	바소

문		아	금	무	부	의		안	주
聞		我	今	無	復	疑		安	住
들을문		나아	이제금	없을무	다시부	의심할의		편안할안	머물주

어	불	도		방	편	위	시	자
於	佛	道		方	便	爲	侍	者
어조사어	부처불	길도		처방방	편할편	할위	모실시	놈자

호	지	제	불	법		이	시		불
護	持	諸	佛	法		爾	時		佛
보호할호	가질지	모든제	부처불	법법		그이	때시		부처불

고	라	후	라		여	어	내	세
告	羅	睺	羅		汝	於	來	世
알릴고	새그물라	애꾸눈후	새그물라		너여	어조사어	올내	세상세

한량없는 모든 부처님들 가르침을 생각나게 하시니 마치 지금 당장 듣고 있는 듯하나이다.
저는 이제 전혀 의심 없이 불도의 깨달음에 안주하게 되었으나
방편으로 시자가 되어 모든 부처님 법을 지키고 기억하오리다.
그때 부처님께서 라후라에게 이르시었다. "너는 오는 세상에

당	득	작	불		호	도	칠	보	화
當	得	作	佛		號	蹈	七	寶	華
마땅히 당	얻을 득	지을 작	부처 불		이름 호	밟을 도	일곱 칠	보배 보	꽃 화

여	래		응	공		정	변	지	
如	來		應	供		正	遍	知	
같을 여	올 래		응당히 응	이바지할공		바를 정	두루 편(변)	알 지	

명	행	족		선	서		세	간	해
明	行	足		善	逝		世	間	解
밝을 명	행할 행	족할 족		착할 선	갈 서		세상 세	사이 간	풀 해

무	상	사		조	어	장	부		천
無	上	士		調	御	丈	夫		天
없을 무	위 상	선비 사		고를 조	길들일 어	어른 장	사나이 부		하늘 천

인	사		불	세	존		당	공	양
人	師		佛	世	尊		當	供	養
사람 인	스승 사		부처 불	세상 세	높을 존		마땅히 당	이바지할공	기를 양

반드시 성불하리니, 부처님 이름은 도칠보화여래·
응공·정변지·명행족·선서·세간해·
무상사·조어장부·천인사·불세존이니라.
앞으로

십	세	계		미	진	등	수	제
十	世	界		微	塵	等	數	諸
열 십	세상 세	지경 계		작을 미	티끌 진	같을 등	셀 수	모든 제

불	여	래		상	위	제	불	이
佛	如	來		常	爲	諸	佛	而
부처 불	같을 여	올 래		항상 상	할 위	모든 제	부처 불	말이을 이

작	장	자		유	여	금	야	시
作	長	子		猶	如	今	也	是
지을 작	길 장	아들 자		같을 유	같을 여	이제 금	어조사 야	이 시

도	칠	보	화	불		국	토	장	엄
蹈	七	寶	華	佛		國	土	莊	嚴
밟을 도	일곱 칠	보배 보	꽃 화	부처 불		나라 국	흙 토	꾸밀 장	엄할 엄

수	명	겁	수		소	화	제	자
壽	命	劫	數		所	化	弟	子
목숨 수	목숨 명	겁 겁	셀 수		바 소	화할 화	아우 제	아들 자

십 세계의 먼지 티끌수처럼 많은 부처님 여래께 다 공양 올릴 것이며,
또 지금 내 아들이 된 것처럼 언제나
그 모든 부처님들의 맏아들로 태어나리라.
도칠보화 부처님 세계의 장엄과 수명 겁수·교화할 제자들과

정	법	상	법		역	여	산	해	혜
正	法	像	法		亦	如	山	海	慧
바를 정	법 법	형상 상	법 법		또 역	같을 여	뫼 산	바다 해	지혜 혜

자	재	통	왕		여	래	무	이	
自	在	通	王		如	來	無	異	
스스로 자	있을 재	통할 통	임금 왕		같을 여	올 래	없을 무	다를 이	

역	위	차	불		이	작	장	자	
亦	爲	此	佛		而	作	長	子	
또 역	할 위	이 차	부처 불		말이을 이	지을 작	길 장	아들 자	

과	시	이	후		당	득	아	뇩	다
過	是	已	後		當	得	阿	耨	多
지날 과	이 시	이미 이	뒤 후		마땅히 당	얻을 득	언덕 아	김맬 누(뇩)	많을 다

라	삼	먁	삼	보	리		이	시	세
羅	三	藐	三	菩	提		爾	時	世
새그물 라	석 삼	아득할 먁(먁)	석 삼	보리 보	끌 제(리)		그 이	때 시	세상 세

정법·상법 등에 관한 것은 산해혜자재통왕여래와 똑같으리라.
뿐만 아니라 산해혜자재통왕 부처님의 맏아들로도 태어날 것이니,
그 시기를 지난 다음에 마땅히 아뇩다라삼먁삼보리를 얻으리라."
그때 세존께서

존		욕	중	선	차	의		이	설
尊		欲	重	宣	此	義		而	說
높을 존		하고자할 욕	거듭할 중	베풀 선	이 차	의미 의		말이을 이	말씀 설

게	언		아	위	태	자	시		라
偈	言		我	爲	太	子	時		羅
게송 게	말씀 언		나 아	할 위	클 태	아들 자	때 시		새그물 라

후	위	장	자		아	금	성	불	도
睺	爲	長	子		我	今	成	佛	道
애꾸눈 후	할 위	길 장	아들 자		나 아	이제 금	이룰 성	부처 불	길 도

수	법	위	법	자		어	미	래	세
受	法	爲	法	子		於	未	來	世
받을 수	법 법	할 위	법 법	아들 자		어조사 어	아닐 미	올 래	세상 세

중		견	무	량	억	불		개	위
中		見	無	量	億	佛		皆	爲
가운데 중		볼 견	없을 무	헤아릴 량	억 억	부처 불		다 개	할 위

거듭 의미를 표현하시고자 게송으로 말씀하셨다.
　　내가 태자로 있을 적에 라후라가 나의 맏아들이더니,
　　내가 지금 불도를 이루매 법을 받고 법의 아들이 되었도다.
　　앞으로 미래 세상에 무량억 부처님들을 친견할 것이며

기	장	자		일	심	구	불	도
其	長	子		一	心	求	佛	道
그 기	길 장	아들 자		한 일	마음 심	구할 구	부처 불	길 도

라	후	라	밀	행		유	아	능	지
羅	睺	羅	密	行		唯	我	能	知
새그물 라	애꾸눈 후	새그물 라	은밀할 밀	행할 행		오직 유	나 아	능할 능	알 지

지		현	위	아	장	자		이	시
之		現	爲	我	長	子		以	示
어조사 지		지금 현	할 위	나 아	길 장	아들 자		써 이	보일 시

제	중	생		무	량	억	천	만
諸	衆	生		無	量	億	千	萬
모든 제	무리 중	날 생		없을 무	헤아릴 량	억 억	일천 천	일만 만

공	덕	불	가	수		안	주	어	불
功	德	不	可	數		安	住	於	佛
공 공	덕 덕	아닐 불	가히 가	셀 수		편안할 안	머물 주	어조사 어	부처 불

모두 그 부처님들의 맏아들로 태어나 일심으로 불도를 구하리라.
라후라의 은밀한 수행은 오직 여래인 나만이 다 알 수 있나니
현재는 나의 맏아들로 태어나 여래의 아들로 중생들에게 보이지만,
그의 숨겨진 무량 억천만 공덕들은 가히 헤아릴 수 없거늘 부처님 가르침에 안주하여

법		이	구	무	상	도		이	시
法		以	求	無	上	道		爾	時
법 법		써 이	구할 구	없을 무	위 상	길 도		그 이	때 시

세	존		견	학	무	학	이	천	인
世	尊		見	學	無	學	二	千	人
세상 세	높을 존		볼 견	배울 학	없을 무	배울 학	두 이	일천 천	사람 인

기	의	유	연		적	연	청	정
其	意	柔	軟		寂	然	淸	淨
그 기	뜻 의	부드러울 유	연할 연		고요할 적	그러할 연	맑을 청	깨끗할 정

일	심	관	불		불	고	아	난
一	心	觀	佛		佛	告	阿	難
한 일	마음 심	볼 관	부처 불		부처 불	알릴 고	언덕 아	어려울 난

여	견	시	학	무	학		이	천	인
汝	見	是	學	無	學		二	千	人
너 여	볼 견	이 시	배울 학	없을 무	배울 학		두 이	일천 천	사람 인

위없이 높은 진리를 구하도다.
그때 세존께서 이천 명의 유학인과 무학인들의 마음이 부드럽고 고요하며 청정한 데다,
일심으로 부처님을 우러러보는 것을 살피시고 또 아난에게 이르시었다.
"너는 저 이천 명의 유학인과 무학인들을 보고 있느냐?"

부		유	연	이	견		아	난
不		唯	然	已	見		阿	難
아닐 부		오직 유	그러할 연	이미 이	볼 견		언덕 아	어려울 난

시	제	인	등		당	공	양		오
是	諸	人	等		當	供	養		五
이 시	모든 제	사람 인	무리 등		마땅히 당	이바지할 공	기를 양		다섯 오

십	세	계	미	진	수		제	불	여
十	世	界	微	塵	數		諸	佛	如
열 십	세상 세	지경 계	작을 미	티끌 진	셀 수		모든 제	부처 불	같을 여

래		공	경	존	중		호	지	법
來		恭	敬	尊	重		護	持	法
올 래		공손할 공	공경할 경	높을 존	무거울 중		보호할 호	가질 지	법 법

장		말	후	동	시		어	시	방
藏		末	後	同	時		於	十	方
곳간 장		끝 말	뒤 후	한가지 동	때 시		어조사 어	열 십(시)	방위 방

"예, 아까부터 보고 있습니다."
"아난아! 저 사람들은 마땅히 오십 세계의 먼지 티끌수처럼 많은
부처님 여래께 공양 올리고, 공경히 존중하며 법문을 지키고 간직하리라.
그러다가 윤회의 마지막 몸으로 한꺼번에 시방세계에서

국		각	득	성	불		개	동	일
國		各	得	成	佛		皆	同	一
나라 국		각각 각	얻을 득	이룰 성	부처 불		다 개	한가지 동	한 일

호		명	왈	보	상	여	래		응
號		名	曰	寶	相	如	來		應
이름 호		이름 명	가로 왈	보배 보	모양 상	같을 여	올 래		응당히 응

공		정	변	지		명	행	족
供		正	遍	知		明	行	足
이바지할공		바를 정	두루 편(변)	알 지		밝을 명	행할 행	족할 족

선	서		세	간	해		무	상	사
善	逝		世	間	解		無	上	士
착할 선	갈 서		세상 세	사이 간	풀 해		없을 무	위 상	선비 사

조	어	장	부		천	인	사		불
調	御	丈	夫		天	人	師		佛
고를 조	길들일 어	어른 장	사나이 부		하늘 천	사람 인	스승 사		부처 불

제각기 성불하리라.
부처님 이름은 모두 똑같이
보상여래·응공·정변지·명행족·선서·
세간해·무상사·조어장부·천인사·

세	존		수	명	일	겁		국	토
世	尊		壽	命	一	劫		國	土
세상 세	높을 존		목숨 수	목숨 명	한 일	겁 겁		나라 국	흙 토

장	엄		성	문	보	살		정	법
莊	嚴		聲	聞	菩	薩		正	法
꾸밀 장	엄할 엄		소리 성	들을 문	보리 보	보살 살		바를 정	법 법

상	법		개	실	동	등		이	시
像	法		皆	悉	同	等		爾	時
형상 상	법 법		다 개	다 실	한가지 동	같을 등		그 이	때 시

세	존		욕	중	선	차	의		이
世	尊		欲	重	宣	此	義		而
세상 세	높을 존		하고자할 욕	거듭할 중	베풀 선	이 차	의미 의		말이을 이

설	게	언		시	이	천		성	문
說	偈	言		是	二	千		聲	聞
말씀 설	게송 게	말씀 언		이 시	두 이	일천 천		소리 성	들을 문

불세존이니라. 그 부처님들의 수명은 일 겁이며, 세계의 장엄과
성문·보살 그리고 정법·상법의 기간 등도 전부 다 똑같으리라."
그때 세존께서 거듭 의미를 표현하시고자 게송으로 말씀하셨다.
　　지금 내 앞에 서 있는 이천 명의 성문들에게

금	어	아	전	주		실	개	여	수
今	於	我	前	住		悉	皆	與	授
이제 금	어조사 어	나 아	앞 전	머물 주		다 실	다 개	줄 여	줄 수

기		미	래	당	성	불		소	공
記		未	來	當	成	佛		所	供
기록할 기		아닐 미	올 래	마땅히 당	이룰 성	부처 불		바 소	이바지할 공

양	제	불		여	상	설	진	수
養	諸	佛		如	上	說	塵	數
기를 양	모든 제	부처 불		같을 여	위 상	말씀 설	티끌 진	셀 수

호	지	기	법	장		후	당	성	정
護	持	其	法	藏		後	當	成	正
보호할 호	가질 지	그 기	법 법	곳간 장		뒤 후	마땅히 당	이룰 성	바를 정

각		각	어	시	방	국		실	동
覺		各	於	十	方	國		悉	同
깨달을 각		각각 각	어조사 어	열 십(시)	방위 방	나라 국		다 실	한가지 동

모두 다 수기를 주리니 미래에 반드시 성불하리라.
그들이 공양할 여러 부처님들 앞서 말한 대로
먼지 티끌수처럼 많지만 그 부처님들 법장을 수호하여 지니다가
나중에 마땅히 정각을 이루리니, 저마다 시방세계에서 모두

일	명	호		구	시	좌	도	량
一	名	號		俱	時	坐	道	場
한 일	이름 명	이름 호		함께 구	때 시	앉을 좌	길 도	마당 장(량)

이	증	무	상	혜		개	명	위	보
以	證	無	上	慧		皆	名	爲	寶
써 이	증득할 증	없을 무	위 상	지혜 혜		다 개	이름 명	할 위	보배 보

상		국	토	급	제	자		정	법
相		國	土	及	弟	子		正	法
모양 상		나라 국	흙 토	및 급	아우 제	아들 자		바를 정	법 법

여	상	법		실	등	무	유	이
與	像	法		悉	等	無	有	異
더불어 여	형상 상	법 법		다 실	같을 등	없을 무	있을 유	다를 이

함	이	제	신	통		도	시	방	중
咸	以	諸	神	通		度	十	方	衆
다 함	써 이	모든 제	신통할 신	통할 통		건널 도	열 십(시)	방위 방	무리 중

동일한 이름으로 한 날 한 시 도량에 앉아 위없이 높은 지혜 증득하리라.
부처님들 이름은 모두 보상불이며 세계와 제자들
정법과 상법도 전부 똑같으리니,
모두 다양한 신통으로써 시방 중생들 두루 제도하매

생		명	문	보	주	변		점	입
生		名	聞	普	周	遍		漸	入
날 생		이름 명	들을 문	널리 보	두루 주	두루 편(변)		점점 점	들 입

어	열	반		이	시		학	무	학
於	涅	槃		爾	時		學	無	學
어조사 어	개흙 열	쟁반 반		그 이	때 시		배울 학	없을 무	배울 학

이	천	인		문	불	수	기		환
二	千	人		聞	佛	授	記		歡
두 이	일천 천	사람 인		들을 문	부처 불	줄 수	기록할 기		기쁠 환

희	용	약		이	설	게	언		세
喜	踊	躍		而	說	偈	言		世
기쁠 희	뛸 용	뛸 약		말이을 이	말씀 설	게송 게	말씀 언		세상 세

존	혜	등	명		아	문	수	기	음
尊	慧	燈	明		我	聞	授	記	音
높을 존	지혜 혜	등잔 등	밝을 명		나 아	들을 문	줄 수	기록할 기	소리 음

명성이 널리 퍼지고 그러다 점차 열반에 들리라.
그때에 이천 명의 유학인과 무학인들이 부처님께서 주시는 수기 내용을 듣자,
환희하여 뛸 듯이 좋아하며 게송으로 사뢰었다.
　　지혜의 등불이신 세존께서 직접 수기 주시는 음성을 들으니,

심	환	희	충	만		여	감	로	견
心	歡	喜	充	滿		如	甘	露	見
마음 심	기쁠 환	기쁠 희	찰 충	찰 만		같을 여	달 감	이슬 로	볼 견

관									
灌									
물 댈 관									

저희들 마음 환희 충만하여
마치 감로수를 마신 듯하나이다.

제	십		법	사	품				
第	十		法	師	品				
차례 제	열 십		법 법	스승 사	가지 품				

이	시	세	존		인	약	왕	보	살
爾	時	世	尊		因	藥	王	菩	薩
그 이	때 시	세상 세	높을 존		인할 인	약 약	임금 왕	보리 보	보살 살

고	팔	만	대	사		약	왕		여
告	八	萬	大	士		藥	王		汝
알릴 고	여덟 팔	일만 만	큰 대	선비 사		약 약	임금 왕		너 여

견	시	대	중	중		무	량	제	천
見	是	大	衆	中		無	量	諸	天
볼 견	이 시	큰 대	무리 중	가운데 중		없을 무	헤아릴 량	모든 제	하늘 천

용	왕	야	차		건	달	바	아	수
龍	王	夜	叉		乾	闥	婆	阿	修
용 용	임금 왕	밤 야	깍지낄 차		하늘 건	대궐문 달	할미 파(바)	언덕 아	닦을 수

제10 법사품

그때 세존께서는 약왕보살을 비롯한 팔만 명의 여러 대보살들에게 이르시었다.

"약왕보살이여! 그대는 이 대중 가운데에서

한량없는 하늘천신·용왕·야차와 건달바·아수라·

라		가	루	라	긴	나	라		마
羅		迦	樓	羅	緊	那	羅		摩
새그물 라		막을 가	다락 루	새그물 라	긴할 긴	어찌 나	새그물 라		갈 마

후	라	가		인	여	비	인		급
睺	羅	伽		人	與	非	人		及
애꾸눈 후	새그물 라	절 가		사람 인	더불어 여	아닐 비	사람 인		및 급

비	구	비	구	니		우	바	새	우
比	丘	比	丘	尼		優	婆	塞	優
견줄 비	언덕 구	견줄 비	언덕 구	여승 니		넉넉할 우	할미 파(바)	변방 새	넉넉할 우

바	이		구	성	문	자		구	벽
婆	夷		求	聲	聞	者		求	辟
할미 파(바)	오랑캐 이		구할 구	소리 성	들을 문	놈 자		구할 구	임금 벽

지	불	자		구	불	도	자		여
支	佛	者		求	佛	道	者		如
지탱할 지	부처 불	놈 자		구할 구	부처 불	길 도	놈 자		같을 여

가루라·긴나라·마후라가 같이 사람인 듯하면서 아닌 이들과
성문을 구하거나 벽지불을 구하거나 불도를 구하는
비구·비구니·우바새·우바이들을 보고 있느냐?

시	등	류		함	어	불	전		문
是	等	類		咸	於	佛	前		聞
이시	무리등	무리류		다함	어조사어	부처불	앞전		들을문

묘	법	화	경		일	게	일	구
妙	法	華	經		一	偈	一	句
묘할묘	법법	꽃화	경경		한일	게송게	한일	글귀구

내	지	일	념	수	희	자		아	개
乃	至	一	念	隨	喜	者		我	皆
이에내	이를지	한일	생각념	따를수	기쁠희	놈자		나아	다개

여	수	기		당	득	아	뇩	다	라
與	授	記		當	得	阿	耨	多	羅
줄여	줄수	기록할기		마땅히당	얻을득	언덕아	김맬누(뇩)	많을다	새그물라

삼	먁	삼	보	리		불	고	약	왕
三	藐	三	菩	提		佛	告	藥	王
석삼	아득할막(먁)	석삼	보리보	끌제(리)		부처불	알릴고	약약	임금왕

이와 같은 무리들이 다 부처님 앞에서 묘법연화경의 한 게송이나 한 구절을 듣고,
하다못해 한 생각 찰나라도 따라서 기뻐한다면 내가 전부
수기를 주리니 반드시 아뇩다라삼먁삼보리를 얻으리라."
부처님께서 약왕보살에게 계속 이르시었다.

우	여	래		멸	도	지	후		약
又	如	來		滅	度	之	後		若
또우	같을 여	올 래		멸할 멸	건널 도	어조사 지	뒤 후		만약 약

유	인		문	묘	법	화	경		내
有	人		聞	妙	法	華	經		乃
있을 유	사람 인		들을 문	묘할 묘	법 법	꽃 화	경 경		이에 내

지	일	게	일	구		일	념	수	희
至	一	偈	一	句		一	念	隨	喜
이를 지	한 일	게송 게	한 일	글귀 구		한 일	생각 념	따를 수	기쁠 희

자		아	역	여	수		아	뇩	다
者		我	亦	與	授		阿	耨	多
놈 자		나 아	또 역	줄 여	줄 수		언덕 아	김맬 누(뇩)	많을 다

라	삼	먁	삼	보	리	기		약	부
羅	三	藐	三	菩	提	記		若	復
새그물 라	석 삼	아득할 막(먁)	석 삼	보리 보	끌 제(리)	기록할 기		만약 약	다시 부

"또 여래가 열반한 뒤에 누구라도 묘법연화경을 듣되,
심지어 한 게송이나 한 구절을 듣고
한 순간 찰나라도 따라서 기뻐한다면
마찬가지로 내가 그에게 아뇩다라삼먁삼보리의 수기를 주노라.

유	인		수	지	독	송		해	설
有	人		受	持	讀	誦		解	說
있을 유	사람 인		받을 수	가질 지	읽을 독	외울 송		풀 해	말씀 설

서	사		묘	법	화	경		내	지
書	寫		妙	法	華	經		乃	至
쓸 서	베낄 사		묘할 묘	법 법	꽃 화	경 경		이에 내	이를 지

일	게		어	차	경	권		경	시
一	偈		於	此	經	卷		敬	視
한 일	게송 게		어조사 어	이 차	경 경	책 권		공경할 경	볼 시

여	불		종	종	공	양		화	향
如	佛		種	種	供	養		華	香
같을 여	부처 불		종류 종	종류 종	이바지할 공	기를 양		꽃 화	향기 향

영	락		말	향	도	향	소	향
瓔	珞		抹	香	塗	香	燒	香
구슬목걸이 영	구슬목걸이 락		가루 말	향기 향	바를 도	향기 향	사를 소	향기 향

또 가령 어떤 사람이 묘법연화경에서 그 중의 한 게송이라도
받아 지니고 읽고 외우며 남을 위해 설명해주고 베껴 쓴다고 하자.
뿐만 아니라 이 경책을 부처님과 같이 소중히 생각하여
꽃과 향·영락·가루향·바르는 향·사르는 향·

증	개	당	번		의	복	기	악
繒	蓋	幢	幡		衣	服	伎	樂
비단 증	덮개 개	기 당	기 번		옷 의	옷 복	재주 기	풍류 악

내	지	합	장	공	경		약	왕	당
乃	至	合	掌	恭	敬		藥	王	當
이에 내	이를 지	합할 합	손바닥 장	공손할 공	공경할 경		약 약	임금 왕	마땅히 당

지		시	제	인	등		이	증	공
知		是	諸	人	等		已	曾	供
알 지		이 시	모든 제	사람 인	무리 등		이미 이	일찍 증	이바지할 공

양		십	만	억	불		어	제	불
養		十	萬	億	佛		於	諸	佛
기를 양		열 십	일만 만	억 억	부처 불		어조사 어	모든 제	부처 불

소		성	취	대	원		민	중	생
所		成	就	大	願		愍	衆	生
곳 소		이룰 성	이룰 취	큰 대	원할 원		가엾을 민	무리 중	날 생

비단일산·깃발·의복과 악기 등 여러 가지로 공양하고 하다못해
합장이라도 해서 공경한다면, 약왕보살이여! 마땅히 잘 명심하여라.
그 모든 사람들은 이미 일찍이 십만억 부처님들께 공양하였고
모든 부처님들 처소에서 대원을 성취하였으나, 중생을 불쌍히 여겨서

고		생	차	인	간		약	왕	
故		生	此	人	間		藥	王	
연고 고		날 생	이 차	사람 인	사이 간		약 약	임금 왕	

약	유	인	문		하	등	중	생
若	有	人	問		何	等	衆	生
만약 약	있을 유	사람 인	물을 문		어찌 하	무리 등	무리 중	날 생

어	미	래	세		당	득	작	불
於	未	來	世		當	得	作	佛
어조사 어	아닐 미	올 래	세상 세		마땅히 당	얻을 득	지을 작	부처 불

응	시	시	제	인	등		어	미	래
應	示	是	諸	人	等		於	未	來
응당히 응	보일 시	이 시	모든 제	사람 인	무리 등		어조사 어	아닐 미	올 래

세		필	득	작	불		하	이	고
世		必	得	作	佛		何	以	故
세상 세		반드시 필	얻을 득	지을 작	부처 불		어찌 하	써 이	연고 고

다시 이 인간세계에 태어난 자들이니라. 약왕보살이여!
'어떤 중생이 미래 세상에 반드시 성불하겠습니까?'라고 누군가 질문한다면,
응당 앞에서 언급한 이런 모든 사람들이 미래 세상에
반드시 성불한다고 대답하여라. 왜냐하면

제10 법사품

약	선	남	자	선	여	인		어	법
若	善	男	子	善	女	人		於	法
만약 약	착할 선	사내 남	아들 자	착할 선	여자 여	사람 인		어조사 어	법 법

화	경		내	지	일	구		수	지
華	經		乃	至	一	句		受	持
꽃 화	경 경		이에 내	이를 지	한 일	글귀 구		받을 수	가질 지

독	송		해	설	서	사		종	종
讀	誦		解	說	書	寫		種	種
읽을 독	외울 송		풀 해	말씀 설	쓸 서	베낄 사		종류 종	종류 종

공	양	경	권		화	향	영	락
供	養	經	卷		華	香	瓔	珞
이바지할 공	기를 양	경 경	책 권		꽃 화	향기 향	구슬목걸이 영	구슬목걸이 락

말	향	도	향	소	향		증	개	당
抹	香	塗	香	燒	香		繒	蓋	幢
가루 말	향기 향	바를 도	향기 향	사를 소	향기 향		비단 증	덮개 개	기 당

가령 어떤 선남자 선여인이 법화경에서 그 중의 한 구절만이라도
받아 지니고 읽고 외우며 남을 위해 해설해주고 베껴 쓴다고 하자.
게다가 꽃과 향·영락·가루향·바르는 향·
사르는 향·비단일산·깃발·

번		의	복	기	악		합	장	공
幡		衣	服	伎	樂		合	掌	恭
기번		옷의	옷복	재주기	풍류악		합할합	손바닥장	공손할공

경		시	인		일	체	세	간	
敬		是	人		一	切	世	間	
공경할경		이시	사람인		한일	모두체	세상세	사이간	

소	응	첨	봉		응	이	여	래	공
所	應	瞻	奉		應	以	如	來	供
바소	응당히응	볼첨	받들봉		응당히응	써이	같을여	올래	이바지할공

양		이	공	양	지		당	지	차
養		而	供	養	之		當	知	此
기를양		말이을이	이바지할공	기를양	어조사지		마땅히당	알지	이차

인		시	대	보	살		성	취	아
人		是	大	菩	薩		成	就	阿
사람인		이시	큰대	보리보	보살살		이룰성	이룰취	언덕아

의복·악기 등 여러 가지로 경책에 공양하고 합장하여 공경한다면,
그 사람은 모든 세상 사람들이 응당 우러러보고 받들어야 할 분이기 때문이니라.
따라서 여래를 공양하듯이 그를 공양해야 하나니,
그 사람은 마땅히 대보살임을 유념하도록 하라.

녹	다	라	삼	먁	삼	보	리		애
耨	多	羅	三	藐	三	菩	提		哀
김맬 누(녹)	많을 다	새그물 라	석 삼	아득할 막(먁)	석 삼	보리 보	끌 제(리)		슬플 애

민	중	생		원	생	차	간		광
愍	衆	生		願	生	此	間		廣
가엾을 민	무리 중	날 생		원할 원	날 생	이 차	사이 간		넓을 광

연	분	별		묘	법	화	경		하
演	分	別		妙	法	華	經		何
펼 연	나눌 분	나눌 별		묘할 묘	법 법	꽃 화	경 경		어찌 하

황	진	능	수	지		종	종	공	양
況	盡	能	受	持		種	種	供	養
하물며 황	다할 진	능할 능	받을 수	가질 지		종류 종	종류 종	이바지할 공	기를 양

자		약	왕	당	지		시	인	
者		藥	王	當	知		是	人	
놈 자		약 약	임금 왕	마땅히 당	알 지		이 시	사람 인	

즉 이미 아뇩다라삼먁삼보리를 성취하였으나, 중생을 가엾이 여기어
원력으로 이 세상에 태어나 묘법연화경을 자세히 연설하며 분별하는 것이니라.
하물며 법화경 전체를 다 수지하여 읽고 외우며, 여러 가지로 공양 올리는 사람이야 두말할 것이 있겠느냐!
약왕보살이여, 마땅히 잘 명심하여라. 그 사람은

자	사	청	정	업	보		어	아	멸
自	捨	淸	淨	業	報		於	我	滅
스스로 자	버릴 사	맑을 청	깨끗할 정	업 업	갚을 보		어조사 어	나 아	멸할 멸
도	후		민	중	생	고		생	어
度	後		愍	衆	生	故		生	於
건널 도	뒤 후		가엾을 민	무리 중	날 생	연고 고		날 생	어조사 어
악	세		광	연	차	경		약	시
惡	世		廣	演	此	經		若	是
악할 악	세상 세		넓을 광	펼 연	이 차	경 경		만약 약	이 시
선	남	자	선	여	인		아	멸	도
善	男	子	善	女	人		我	滅	度
착할 선	사내 남	아들 자	착할 선	여자 여	사람 인		나 아	멸할 멸	건널 도
후		능	절	위	일	인		설	법
後		能	竊	爲	一	人		說	法
뒤 후		능할 능	몰래 절	위할 위	한 일	사람 인		말씀 설	법 법

스스로 청정한 업보를 포기하고, 내가 열반에 든 뒤
후세의 중생들을 가엾이 여기어 오탁악세에 태어나 자세히
이 경전을 연설하는 것이니라. 만약 그 선남자 선여인이
내가 열반한 뒤에 가만히 한 사람을 위해 법화경에서 그 중의

화	경		내	지	일	구		당	지
華	經		乃	至	一	句		當	知
꽃 화	경 경		이에 내	이를 지	한 일	글귀 구		마땅히 당	알 지

시	인		즉	여	래	사		여	래
是	人		則	如	來	使		如	來
이 시	사람 인		곧 즉	같을 여	올 래	부릴 사		같을 여	올 래

소	견		행	여	래	사		하	황
所	遣		行	如	來	事		何	況
바 소	보낼 견		행할 행	같을 여	올 래	일 사		어찌 하	하물며 황

어	대	중	중		광	위	인	설	
於	大	衆	中		廣	爲	人	說	
어조사 어	큰 대	무리 중	가운데 중		넓을 광	위할 위	사람 인	말씀 설	

약	왕		약	유	악	인		이	불
藥	王		若	有	惡	人		以	不
약 약	임금 왕		만약 약	있을 유	악할 악	사람 인		써 이	아닐 불

한 구절만이라도 말해준다면, 마땅히 잘 새겨듣도록 해라.
그 사람은 곧 여래의 심부름꾼이며 여래가 보낸 자로서, 여래의 일을 하는 사람이니라.
하물며 대중 가운데에서 널리 많은 사람들을 위하여 설법하는 사람이야 더 말할 나위가 있겠느냐!
약왕보살이여! 만약 어떤 못된 사람이

선	심		어	일	겁	중		현	어
善	心		於	一	劫	中		現	於
착할 선	마음 심		어조사 어	한 일	겁 겁	가운데 중		나타날 현	어조사 어

불	전		상	훼	매	불		기	죄
佛	前		常	毀	罵	佛		其	罪
부처 불	앞 전		항상 상	헐 훼	욕할 매	부처 불		그 기	허물 죄

상	경		약	인	이	일	악	언
尙	輕		若	人	以	一	惡	言
오히려 상	가벼울 경		만약 약	사람 인	써 이	한 일	악할 악	말씀 언

훼	자	재	가	출	가		독	송	법
毀	訾	在	家	出	家		讀	誦	法
헐 훼	헐뜯을 자	있을 재	집 가	날 출	집 가		읽을 독	외울 송	법 법

화	경	자		기	죄	심	중		약
華	經	者		其	罪	甚	重		藥
꽃 화	경 경	놈 자		그 기	허물 죄	심할 심	무거울 중		약 약

나쁜 마음으로 일 겁 동안 부처님 앞에 나타나서, 항상 부처님을
헐뜯고 욕할지라도 그 죄는 오히려 가볍다고 할 수 있으리라.
그러나 어떤 사람이 한 마디라도 나쁜 말로써 법화경을 읽고 외우는
재가신도나 출가한 스님을 헐뜯고 비방한다면 그 죄는 훨씬 더 무거우니라.

왕		기	유	독	송		법	화	경
王		其	有	讀	誦		法	華	經
임금 왕		그 기	있을 유	읽을 독	외울 송		법 법	꽃 화	경 경
자		당	지	시	인		이	불	장
者		當	知	是	人		以	佛	莊
놈 자		마땅히 당	알 지	이 시	사람 인		써 이	부처 불	꾸밀 장
엄		이	자	장	엄		즉	위	여
嚴		而	自	莊	嚴		則	爲	如
엄할 엄		말이을 이	스스로 자	꾸밀 장	엄할 엄		곧 즉	할 위	같을 여
래		견	소	하	담		기	소	지
來		肩	所	荷	擔		其	所	至
올 래		어깨 견	바 소	짊어질 하	멜 담		그 기	바 소	이를 지
방		응	수	향	례		일	심	합
方		應	隨	向	禮		一	心	合
방위 방		응당히 응	따를 수	향할 향	예도 례		한 일	마음 심	합할 합

약왕보살이여! 만일 어떤 이가 법화경을 읽고 외우면, 마땅히 잘 명심하여라.
그 사람은 부처님의 장엄구로써 스스로 장엄하는 것이나 마찬가지이니,
곧 여래께서 어깨에 업고 계신 셈이니라. 따라서 그가 가는 곳마다
응당 따라가서 예배하고, 일심으로 합장하며

장		공	경	공	양		존	중	찬
掌		恭	敬	供	養		尊	重	讚
손바닥 장		공손할 공	공경할 경	이바지할 공	기를 양		높을 존	무거울 중	칭찬할 찬

탄		화	향	영	락		말	향	도
歎		華	香	瓔	珞		抹	香	塗
찬탄할 탄		꽃 화	향기 향	구슬목걸이 영	구슬목걸이 락		가루 말	향기 향	바를 도

향	소	향		증	개	당	번		의
香	燒	香		繒	蓋	幢	幡		衣
향기 향	사를 소	향기 향		비단 증	덮개 개	기 당	기 번		옷 의

복	효	찬		작	제	기	악		인
服	餚	饌		作	諸	伎	樂		人
옷 복	반찬 효	반찬 찬		지을 작	모든 제	재주 기	풍류 악		사람 인

중	상	공		이	공	양	지		응
中	上	供		而	供	養	之		應
가운데 중	위 상	이바지할 공		말 이을 이	이바지할 공	기를 양	어조사 지		응당히 응

공경히 공양하고 존중하며 찬탄해야 하느니라. 그래서 꽃과 향·
영락·가루향·바르는 향·사르는 향·비단일산·깃발·
의복·맛있는 음식물을 올리고 여러 악기들을 연주하여라.
즉 인간세상에서 구할 수 있는 최고 좋은 공양물로 그에게 공양하도록 하여라.

지	천	보		이	이	산	지		천
持	天	寶		而	以	散	之		天
가질 지	하늘 천	보배 보		말이을 이	써 이	흩을 산	어조사 지		하늘 천

상	보	취		응	이	봉	헌		소
上	寶	聚		應	以	奉	獻		所
위 상	보배 보	모을 취		응당히 응	써 이	받들 봉	바칠 헌		바 소

이	자	하		시	인		환	희	설
以	者	何		是	人		歡	喜	說
써 이	놈 자	어찌 하		이 시	사람 인		기쁠 환	기쁠 희	말씀 설

법		수	유	문	지		즉	득	구
法		須	臾	聞	之		卽	得	究
법 법		잠깐 수	잠깐 유	들을 문	어조사 지		곧 즉	얻을 득	궁구할 구

경		아	뇩	다	라	삼	먁	삼	보
竟		阿	耨	多	羅	三	藐	三	菩
다할 경		언덕 아	김맬 누(뇩)	많을 다	새그물 라	석 삼	아득할 막(먁)	석 삼	보리 보

> 그리고 마땅히 하늘나라 보배를 가져다 뿌려드리되,
> 천상의 보배산이라도 받들어 헌납해야 하리라. 왜냐하면
> 그 사람이 환희심으로 설법할 때에 잠깐이라도 그 법문을 듣게 되면,
> 마침내 아뇩다라삼먁삼보리를 얻게 되기 때문이니라."

리	고		이	시	세	존		욕	중
提	故		爾	時	世	尊		欲	重
끌 제(리)	연고 고		그 이	때 시	세상 세	높을 존		하고자할 욕	거듭할 중

선	차	의		이	설	게	언		약
宣	此	義		而	說	偈	言		若
베풀 선	이 차	의미 의		말이을 이	말씀 설	게송 게	말씀 언		만약 약

욕	주	불	도		성	취	자	연	지
欲	住	佛	道		成	就	自	然	智
하고자할 욕	머물 주	부처 불	길 도		이룰 성	이룰 취	스스로 자	그러할 연	슬기 지

상	당	근	공	양		수	지	법	화
常	當	勤	供	養		受	持	法	華
항상 상	마땅히 당	부지런할 근	이바지할 공	기를 양		받을 수	가질 지	법 법	꽃 화

자		기	유	욕	질	득		일	체
者		其	有	欲	疾	得		一	切
놈 자		그 기	있을 유	하고자할 욕	빠를 질	얻을 득		한 일	모두 체

그때 세존께서 거듭 의미를 표현하시고자 게송으로 말씀하셨다.
    만약 부처님 경지에 머물러 자연 지혜를 성취하고 싶거든
    항상 마땅히 성심껏 법화경 수지자를 공양하여라.
    그 어떤 이가 일체종지를 빨리 얻고자 하거든

종	지	혜		당	수	지	시	경	
種	智	慧		當	受	持	是	經	
종류 종	슬기 지	지혜 혜		마땅히 당	받을 수	가질 지	이 시	경 경	

병	공	양	지	자		약	유	능	수
幷	供	養	持	者		若	有	能	受
아우를 병	이바지할 공	기를 양	가질 지	놈 자		만약 약	있을 유	능할 능	받을 수

지		묘	법	화	경	자		당	지
持		妙	法	華	經	者		當	知
가질 지		묘할 묘	법 법	꽃 화	경 경	놈 자		마땅히 당	알 지

불	소	사		민	념	제	중	생	
佛	所	使		愍	念	諸	衆	生	
부처 불	바 소	부릴 사		가엾을 민	생각할 념	모든 제	무리 중	날 생	

제	유	능	수	지		묘	법	화	경
諸	有	能	受	持		妙	法	華	經
모든 제	있을 유	능할 능	받을 수	가질 지		묘할 묘	법 법	꽃 화	경 경

본인도 마땅히 법화경을 수지할 것이며 아울러 법화경 수지하는
다른 이도 공양하여라. 만약 누군가 능히 법화경을 수지하거든
마땅히 명심할지니, 그는 부처님의 심부름꾼으로 모든 중생들을
불쌍히 여기는 자이니라. 법화경을 수지하는 모든 이들은

자		사	어	청	정	토		민	중
者		捨	於	淸	淨	土		愍	衆
놈자		버릴사	어조사어	맑을청	깨끗할정	흙토		가엾을민	무리중

고	생	차		당	지	여	시	인	
故	生	此		當	知	如	是	人	
연고고	날생	이차		마땅히당	알지	같을여	이시	사람인	

자	재	소	욕	생		능	어	차	악
自	在	所	欲	生		能	於	此	惡
스스로자	있을재	바소	하고자할욕	날생		능할능	어조사어	이차	악할악

세		광	설	무	상	법		응	이
世		廣	說	無	上	法		應	以
세상세		넓을광	말씀설	없을무	위상	법법		응당히응	써이

천	화	향		급	천	보	의	복
天	華	香		及	天	寶	衣	服
하늘천	꽃화	향기향		및급	하늘천	보배보	옷의	옷복

청정한 불국세계를 버리고 중생을 가엾이 여겨서 이곳에 태어난 것이거늘,
마땅히 그런 사람들은 나고 싶은 데 자유자재하여
능히 이 오탁악세에서 상세히 위없이 높은 진리를 설법한다는 걸 명심하고,
하늘의 아름다운 꽃과 향 하늘나라 보배로 장식한 의복과

천	상	묘	보	취		공	양	설	법
天	上	妙	寶	聚		供	養	說	法
하늘 천	위 상	묘할 묘	보배 보	모을 취		이바지할 공	기를 양	말씀 설	법 법

자		오	멸	후	악	세		능	지
者		吾	滅	後	惡	世		能	持
놈 자		나 오	멸할 멸	뒤 후	악할 악	세상 세		능할 능	가질 지

시	경	자		당	합	장	예	경
是	經	者		當	合	掌	禮	敬
이 시	경 경	놈 자		마땅히 당	합할 합	손바닥 장	예도 예	공경할 경

여	공	양	세	존		상	찬	중	감
如	供	養	世	尊		上	饌	衆	甘
같을 여	이바지할 공	기를 양	세상 세	높을 존		좋을 상	반찬 찬	무리 중	달 감

미		급	종	종	의	복		공	양
美		及	種	種	衣	服		供	養
아름다울 미		및 급	종류 종	종류 종	옷 의	옷 복		이바지할 공	기를 양

하늘의 훌륭하고 값진 보배들로써 설법하는 자에게 공양하여라.
내가 열반한 뒤 오탁악세에서 능히 법화경 수지하는 이에게
마땅히 합장하고 예배하되 세존께 공양 올리듯이 할지니,
맛있는 진수성찬 그리고 여러 가지 의복으로

시	불	자		기	득	수	유	문
是	佛	子		冀	得	須	臾	聞
이 시	부처 불	아들 자		바랄 기	얻을 득	잠깐 수	잠깐 유	들을 문

약	능	어	후	세		수	지	시	경
若	能	於	後	世		受	持	是	經
만약 약	능할 능	어조사 어	뒤 후	세상 세		받을 수	가질 지	이 시	경 경

자		아	견	재	인	중		행	어
者		我	遣	在	人	中		行	於
놈 자		나 아	보낼 견	있을 재	사람 인	가운데 중		행할 행	어조사 어

여	래	사		약	어	일	겁	중
如	來	事		若	於	一	劫	中
같을 여	올 래	일 사		만약 약	어조사 어	한 일	겁 겁	가운데 중

상	회	불	선	심		작	색	이	매
常	懷	不	善	心		作	色	而	罵
항상 상	품을 회	아닐 불	착할 선	마음 심		지을 작	빛 색	말이을 이	욕할 매

그 불자에게 공양 올리고 잠깐이라도 법문을 듣도록 하여라.
만약 능히 후세에 이 경을 수지하는 이들은 내가 그들을
인간세계에 보내어 여래의 교화사업을 하도록 하는 것이니,
만약 일 겁 동안이나 항상 나쁜 마음먹고 성난 얼굴로

불		획	무	량	중	죄		기	유
佛		獲	無	量	重	罪		其	有
부처 불		얻을 획	없을 무	헤아릴 량	무거울 중	허물 죄		그 기	있을 유

독	송	지		시	법	화	경	자
讀	誦	持		是	法	華	經	者
읽을 독	외울 송	가질 지		이 시	법 법	꽃 화	경 경	놈 자

수	유	가	악	언		기	죄	부	과
須	臾	加	惡	言		其	罪	復	過
잠깐 수	잠깐 유	더할 가	악할 악	말씀 언		그 기	허물 죄	다시 부	지날 과

피		유	인	구	불	도		이	어
彼		有	人	求	佛	道		而	於
저 피		있을 유	사람 인	구할 구	부처 불	길 도		말이을 이	어조사 어

일	겁	중		합	장	재	아	전
一	劫	中		合	掌	在	我	前
한 일	겁 겁	가운데 중		합할 합	손바닥 장	있을 재	나 아	앞 전

> 부처님 비방한다면 한량없는 중죄를 얻겠지만,
> 그 어떤 이가 법화경을 독송하며 수지하는 자를
> 잠깐이라도 욕한다면 부처님 욕한 죄보다 훨씬 더 무거우니라.
> 어떤 사람이 부처님 경지를 구하여 일 겁 동안을 합장한 채 내 앞에서

이	무	수	게	찬		유	시	찬	불
以	無	數	偈	讚		由	是	讚	佛
써이	없을 무	셀 수	게송 게	칭찬할 찬		말미암을 유	이 시	칭찬할 찬	부처 불

고		득	무	량	공	덕		탄	미
故		得	無	量	功	德		歎	美
연고 고		얻을 득	없을 무	헤아릴 량	공 공	덕 덕		찬탄할 탄	아름다울 미

지	경	자		기	복	부	과	피
持	經	者		其	福	復	過	彼
가질 지	경 경	놈 자		그 기	복 복	다시 부	지날 과	저 피

어	팔	십	억	겁		이	최	묘	색
於	八	十	億	劫		以	最	妙	色
어조사 어	여덟 팔	열 십	억 억	겁 겁		써 이	가장 최	묘할 묘	빛 색

성		급	여	향	미	촉		공	양
聲		及	與	香	味	觸		供	養
소리 성		및 급	더불어 여	향기 향	맛 미	닿을 촉		이바지할 공	기를 양

> 무수한 게송으로써 찬탄한다면, 부처님을 찬탄했기에 한량없는 공덕을 얻겠지만
> 법화경 수지자를 찬탄한다면 그 복이 훨씬 더 많으리니,
> 팔십억 겁 동안 가장 좋은 물건과 찬송하는 말
> 그윽한 향·맛있는 음식·부드러운 의복으로

지	경	자		여	시	공	양	이
持	經	者		如	是	供	養	已
가질 지	경 경	놈 자		같을 여	이 시	이바지할 공	기를 양	마칠 이

약	득	수	유	문		즉	응	자	흔
若	得	須	臾	聞		則	應	自	欣
만약 약	얻을 득	잠깐 수	잠깐 유	들을 문		곧 즉	응당히 응	스스로 자	기뻐할 흔

경		아	금	획	대	리		약	왕
慶		我	今	獲	大	利		藥	王
경사 경		나 아	이제 금	얻을 획	큰 대	이로울 리		약 약	임금 왕

금	고	여		아	소	설	제	경
今	告	汝		我	所	說	諸	經
이제 금	알릴 고	너 여		나 아	바 소	말씀 설	모든 제	경 경

이	어	차	경	중		법	화	최	제
而	於	此	經	中		法	華	最	第
말 이을 이	어조사 어	이 차	경 경	가운데 중		법 법	꽃 화	가장 최	차례 제

> 법화경 수지자를 공양하여라. 이와 같이 공양하고 나서 잠시 잠깐 법문을 듣더라도
> 스스로 매우 기뻐하며 '내 지금 엄청난 이익을 얻었다' 할지니,
> 약왕보살이여, 지금 그대에게 말하건대
> 내가 설한 많은 경전들 가운데 법화경이 가장 제일이로다.

일		이	시		불	부	고	약	왕
一		爾	時		佛	復	告	藥	王
한 일		그 이	때 시		부처 불	다시 부	알릴 고	약 약	임금 왕

보	살	마	하	살		아	소	설	경
菩	薩	摩	訶	薩		我	所	說	經
보리 보	보살 살	갈 마	꾸짖을 가(하)	보살 살		나 아	바 소	말씀 설	경 경

전		무	량	천	만	억		이	설
典		無	量	千	萬	億		已	說
법 전		없을 무	헤아릴 량	일천 천	일만 만	억 억		이미 이	말씀 설

금	설	당	설		이	어	기	중
今	說	當	說		而	於	其	中
이제 금	말씀 설	마땅히 당	말씀 설		말 이을 이	어조사 어	그 기	가운데 중

차	법	화	경		최	위	난	신	난
此	法	華	經		最	爲	難	信	難
이 차	법 법	꽃 화	경 경		가장 최	할 위	어려울 난	믿을 신	어려울 난

그때 부처님께서 다시 약왕 보살마하살에게 이르시었다.
"내가 설한 경전들은 자그마치 무량 천만억 가지로
과거에 이미 설했으며, 현재에 설하고 있을 뿐 아니라 미래에도 설할 것이니라.
그러나 그 가운데에서 이 법화경이 가장 믿기 어렵고 이해하기도 어려우니라.

해		약	왕		차	경		시	제
解		藥	王		此	經		是	諸
풀 해		약 약	임금 왕		이 차	경 경		이 시	모든 제

불	비	요	지	장	불	가	분	포
佛	秘	要	之	藏	不	可	分	布
부처 불	숨길 비	중요할 요	어조사 지	곳간 장	아닐 불	가히 가	나눌 분	베풀 포

망	수	여	인		제	불	세	존
妄	授	與	人		諸	佛	世	尊
허망할 망	줄 수	줄 여	사람 인		모든 제	부처 불	세상 세	높을 존

지	소	수	호		종	석	이	래
之	所	守	護		從	昔	已	來
어조사 지	바 소	지킬 수	보호할 호		좇을 종	옛 석	이미 이	올 래

미	증	현	설		이	차	경	자
未	曾	顯	說		而	此	經	者
아닐 미	일찍 증	나타날 현	말씀 설		말이을 이	이 차	경 경	놈 자

약왕보살이여, 이 경전은 모든 부처님들께서 비밀히 간직하시는 중요한 법장이니라.
그러므로 아무렇게나 퍼뜨려서 함부로 사람들에게 전하지 말지어다.
이는 모든 부처님 세존께서 수호하시는 가르침으로, 예로부터
여태껏 완전히 드러내어 설한 적이 없었느니라. 왜냐하면 이 경전은

여	래	현	재		유	다	원	질	
如	來	現	在		猶	多	怨	嫉	
같을 여	올 래	지금 현	있을 재		오히려 유	많을 다	원망할 원	투기할 질	

황	멸	도	후		약	왕	당	지	
況	滅	度	後		藥	王	當	知	
하물며 황	멸할 멸	건널 도	뒤 후		약 약	임금 왕	마땅히 당	알 지	

여	래	멸	후		기	능	서	지	
如	來	滅	後		其	能	書	持	
같을 여	올 래	멸할 멸	뒤 후		그 기	능할 능	쓸 서	가질 지	

독	송	공	양		위	타	인	설	자
讀	誦	供	養		爲	他	人	說	者
읽을 독	외울 송	이바지할 공	기를 양		위할 위	다를 타	사람 인	말씀 설	놈 자

여	래	즉	위		이	의	부	지	
如	來	則	爲		以	衣	覆	之	
같을 여	올 래	곧 즉	할 위		써 이	옷 의	덮을 부	어조사 지	

여래가 눈앞에 버젓이 살아있어도 원망과 질시가 많기 때문이니,
하물며 여래가 열반한 뒤에는 오죽이나 비방하는 소리들이 많겠느냐!
약왕보살이여, 마땅히 잘 명심하여라. 여래가 열반한 뒤에 이 경을 써서 지니고
읽고 외우며 공양하고 다른 사람을 위해 설명해주는 이는 여래가 곧 옷자락으로 감싸주며,

우	위	타	방		현	재	제	불	
又	爲	他	方		現	在	諸	佛	
또우	할위	다를타	방위방		지금현	있을재	모든제	부처불	
지	소	호	념		시	인		유	대
之	所	護	念		是	人		有	大
어조사지	바소	보호할호	생각할념		이시	사람인		있을유	큰대
신	력			급	지	원	력	제	선
信	力			及	志	願	力	諸	善
믿을신	힘력			및급	뜻지	원할원	힘력	모든제	착할선
근	력			당	지	시	인	여	여
根	力			當	知	是	人	與	如
뿌리근	힘력			마땅히당	알지	이시	사람인	더불어여	같을여
래	공	숙		즉	위	여	래		수
來	共	宿		則	爲	如	來		手
올래	함께공	묵을숙		곧즉	할위	같을여	올래		손수

또 현재 다른 세계에 계시는 모든 부처님들께서도 보호해 주시느니라.
그 사람은 큰 믿음의 힘과 서원의 힘과 선근의 힘이 있나니,
마땅히 잘 명심하여라.
그 사람은 여래와 함께 거주하며, 여래가

마	기	두		약	왕		재	재	처
摩	其	頭		藥	王		在	在	處
만질마	그기	머리두		약약	임금왕		있을재	있을재	곳처

처		약	설	약	독		약	송	약
處		若	說	若	讀		若	誦	若
곳처		만약약	말씀설	만약약	읽을독		만약약	외울송	만약약

서		약	경	권	소	주	처		개
書		若	經	卷	所	住	處		皆
쓸서		만약약	경경	책권	바소	머물주	곳처		다개

응	기	칠	보	탑		극	령	고	광
應	起	七	寶	塔		極	令	高	廣
응당히응	일어날기	일곱칠	보배보	탑탑		다할극	하여금령	높을고	넓을광

엄	식		불	수	부	안	사	리
嚴	飾		不	須	復	安	舍	利
엄할엄	꾸밀식		아닐불	필요할수	다시부	편안할안	집사	이로울리

손으로 그의 머리를 쓰다듬어 주시느니라. 약왕보살이여!
이 경을 설하거나 읽거나 외우거나 쓰거나 하여 어디든 이 경책이 있는 모든 곳에는
당연히 칠보탑을 세워야 하느니라. 그런데 높고 넓게 탑을 조성하여
장엄하게 꾸미되, 굳이 사리를 모실 필요까지는 없느니라.

소	이	자	하		차	중	이	유
所	以	者	何		此	中	已	有
바 소	써 이	놈 자	어찌 하		이 차	가운데 중	이미 이	있을 유

여	래	전	신		차	탑		응	이
如	來	全	身		此	塔		應	以
같을 여	올 래	온전할 전	몸 신		이 차	탑 탑		응당히 응	써 이

일	체		화	향	영	락		증	개
一	切		華	香	瓔	珞		繒	蓋
한 일	모두 체		꽃 화	향기 향	구슬목걸이 영	구슬목걸이 락		비단 증	덮개 개

당	번		기	악	가	송		공	양
幢	幡		伎	樂	歌	頌		供	養
기 당	기 번		재주 기	풍류 악	노래 가	기릴 송		이바지할 공	기를 양

공	경		존	중	찬	탄		약	유
恭	敬		尊	重	讚	歎		若	有
공손할 공	공경할 경		높을 존	무거울 중	칭찬할 찬	찬탄할 탄		만약 약	있을 유

왜냐하면 경책 속에는 이미 여래의 전신이 모셔져 있기 때문이니라.
따라서 그 탑에 마땅히 온갖 꽃과 향·영락·비단일산·깃발
그리고 각종 악기들을 연주하며, 노래와 찬송으로
공양하고 공경하며 존중히 찬탄해야 하느니라.

인		득	견	차	탑		예	배	공
人		得	見	此	塔		禮	拜	供
사람 인		얻을 득	볼 견	이 차	탑 탑		예도 예	절 배	이바지할 공

양		당	지	시	등		개	근	아
養		當	知	是	等		皆	近	阿
기를 양		마땅히 당	알 지	이 시	무리 등		다 개	가까울 근	언덕 아

녹	다	라	삼	막	삼	보	리		약
耨	多	羅	三	藐	三	菩	提		藥
김맬 누(녹)	많을 다	새그물 라	석 삼	아득할 막(먁)	석 삼	보리 보	끌 제(리)		약 약

왕		다	유	인	재	가	출	가
王		多	有	人	在	家	出	家
임금 왕		많을 다	있을 유	사람 인	있을 재	집 가	날 출	집 가

행	보	살	도		약	불	능	득
行	菩	薩	道		若	不	能	得
행할 행	보리 보	보살 살	길 도		만약 약	아닐 불	능할 능	얻을 득

만약 누군가 그 탑을 보고 예배하고 공양한다면, 그 사람들은
모두 아뇩다라삼먁삼보리에 가까워졌음을 명심하도록 하라.
약왕보살이여!
흔히 보살도를 닦고자 하는 재가 신도나 출가한 스님이,

견	문	독	송		서	지	공	양
見	聞	讀	誦		書	持	供	養
볼 견	들을 문	읽을 독	외울 송		쓸 서	가질 지	이바지할 공	기를 양

시	법	화	경	자		당	지	시	인
是	法	華	經	者		當	知	是	人
이 시	법 법	꽃 화	경 경	놈 자		마땅히 당	알 지	이 시	사람 인

미	선	행	보	살	도		약	유	득
未	善	行	菩	薩	道		若	有	得
아닐 미	착할 선	행할 행	보리 보	보살 살	길 도		만약 약	있을 유	얻을 득

문		시	경	전	자		내	능	선
聞		是	經	典	者		乃	能	善
들을 문		이 시	경 경	법 전	놈 자		이에 내	능할 능	착할 선

행		보	살	지	도		기	유	중
行		菩	薩	之	道		其	有	衆
행할 행		보리 보	보살 살	어조사 지	길 도		그 기	있을 유	무리 중

만일 이 법화경을 보고 듣고 읽고 외우며 써서 간직하지 않고 공양하지 않는다면
마땅히 잘 명심하여라. 그 사람은 보살도를 제대로 잘 닦지 못하고 있는 자이니라.
그에 반해 누군가 이 경전을 들고 읽는 자가 있다면
그 사람이야말로 능히 보살도를 제대로 잘 닦고 있는 자이니라.

생		구	불	도	자		약	견	약
生		求	佛	道	者		若	見	若
날 생		구할 구	부처 불	길 도	놈 자		만약 약	볼 견	만약 약

문		시	법	화	경		문	이	신
聞		是	法	華	經		聞	已	信
들을 문		이 시	법 법	꽃 화	경 경		들을 문	마칠 이	믿을 신

해		수	지	자			당	지	시	인
解		受	持	者			當	知	是	人
풀 해		받을 수	가질 지	놈 자			마땅히 당	알 지	이 시	사람 인

득	근	아	뇩	다	라	삼	먁	삼	보
得	近	阿	耨	多	羅	三	藐	三	菩
얻을 득	가까울 근	언덕 아	김맬 누(뇩)	많을 다	새그물 라	석 삼	아득할 막(먁)	석 삼	보리 보

리		약	왕		비	여	유	인
提		藥	王		譬	如	有	人
끌 제(리)		약 약	임금 왕		비유할 비	같을 여	있을 유	사람 인

부처님의 깨달음을 구하는 어떤 중생이 법화경을 보거나 듣고,
들은 뒤에는 믿고 이해하며 수지한다면, 그는 분명 아뇩다라삼먁삼보리에
가까워졌음을 각별히 명심하도록 하여라.
약왕보살이여! 가령 어떤 사람이

갈	핍	수	수		어	피	고	원	
渴	乏	須	水		於	彼	高	原	
목마를 갈	가난할 핍	필요할 수	물 수		어조사 어	저 피	높을 고	언덕 원	
천	착	구	지		유	견	건	토	
穿	鑿	求	之		猶	見	乾	土	
뚫을 천	뚫을 착	구할 구	어조사 지		오히려 유	볼 견	마를 건	흙 토	
지	수	상	원		시	공	불	이	
知	水	尙	遠		施	功	不	已	
알 지	물 수	오히려 상	멀 원		베풀 시	공 공	아닐 불	마칠 이	
전	견	습	토		수	점	지	니	
轉	見	濕	土		遂	漸	至	泥	
구를 전	볼 견	축축할 습	흙 토		드디어 수	점점 점	이를 지	진흙 니	
기	심	결	정		지	수	필	근	
其	心	決	定		知	水	必	近	
그 기	마음 심	결단할 결	정할 정		알 지	물 수	반드시 필	가까울 근	

> 목이 말라서 물을 구하느라 저 높은 언덕에서 우물을 파내려 가고 있다고 하자. 그런데 여전히
> 마른 흙만 보게 된다면, 물이 아직 멀리 있다고 짐작하게 마련이니라. 하지만 계속 공들여
> 포기하지 않고 파내려 간다면 젖은 흙이 나오는 걸 보게 되리라. 점점 더 파서 마침내
> 질척질척한 진흙탕이 나오게 되면, 그 사람은 마음속으로 물이 곧 나올 것을 분명히 알게 되리라.

보	살		역	부	여	시		약	미
菩	薩		亦	復	如	是		若	未
보리 보	보살 살		또 역	다시 부	같을 여	이 시		만약 약	아닐 미

문	미	해		미	능	수	습		시
聞	未	解		未	能	修	習		是
들을 문	아닐 미	풀 해		아닐 미	능할 능	닦을 수	익힐 습		이 시

법	화	경	자		당	지	시	인
法	華	經	者		當	知	是	人
법 법	꽃 화	경 경	놈 자		마땅히 당	알 지	이 시	사람 인

거	아	녹	다	라	삼	먁	삼	보	리
去	阿	耨	多	羅	三	藐	三	菩	提
갈 거	언덕 아	김맬 누(녹)	많을 다	새그물 라	석 삼	아득할 막(먁)	석 삼	보리 보	끌 제(리)

상	원		약	득	문	해		사	유
尙	遠		若	得	聞	解		思	惟
오히려 상	멀 원		만약 약	얻을 득	들을 문	풀 해		생각할 사	생각할 유

보살도 또한 그와 같아서 이 법화경을 아직 듣지 못한 상태이고
이해하지 못한 상태이며 닦아 나갈 수 없는 상태라면, 마땅히 명심하여라.
그런 사람은 아뇩다라삼먁삼보리를 이루려면 아직도 한참 멀었느니라.
그러나 만약 법화경을 듣고 이해하며 깊이 사색하여

수	습		필	지	득	근		아	뇩
修	習		必	知	得	近		阿	耨
닦을 수	익힐 습		반드시 필	알 지	얻을 득	가까울 근		언덕 아	김맬 누(뇩)

다	라	삼	먁	삼	보	리		소	이
多	羅	三	藐	三	菩	提		所	以
많을 다	새그물 라	석 삼	아득할 먁(먁)	석 삼	보리 보	끝 제(리)		바 소	써 이

자	하		일	체	보	살		아	뇩
者	何		一	切	菩	薩		阿	耨
놈 자	어찌 하		한 일	모두 체	보리 보	보살 살		언덕 아	김맬 누(뇩)

다	라	삼	먁	삼	보	리		개	속
多	羅	三	藐	三	菩	提		皆	屬
많을 다	새그물 라	석 삼	아득할 먁(먁)	석 삼	보리 보	끝 제(리)		다 개	속할 속

차	경		차	경	개	방	편	문	
此	經		此	經	開	方	便	門	
이 차	경 경		이 차	경 경	열 개	처방 방	편할 편	문 문	

닦아 나간다면 틀림없이 아뇩다라삼먁삼보리에 가까워졌음을 알게 되리라.
왜냐하면 모든 보살들이 얻으려는 아뇩다라삼먁삼보리가
모두 이 법화경 속에 설해져 있기 때문이니라.
다시 말해 이 경은 방편문을 열고

시	진	실	상		시	법	화	경	장
示	眞	實	相		是	法	華	經	藏
보일 시	참 진	진실 실	모양 상		이 시	법 법	꽃 화	경 경	곳간 장

심	고	유	원		무	인	능	도	
深	固	幽	遠		無	人	能	到	
깊을 심	굳을 고	그윽할 유	멀 원		없을 무	사람 인	능할 능	이를 도	

금	불	교	화		성	취	보	살	
今	佛	敎	化		成	就	菩	薩	
이제 금	부처 불	가르칠 교	화할 화		이룰 성	이룰 취	보리 보	보살 살	

이	위	개	시		약	왕		약	유
而	爲	開	示		藥	王		若	有
말이을 이	위할 위	열 개	보일 시		약 약	임금 왕		만약 약	있을 유

보	살		문	시	법	화	경		경
菩	薩		聞	是	法	華	經		驚
보리 보	보살 살		들을 문	이 시	법 법	꽃 화	경 경		놀랄 경

진실한 모습을 보여주느니라. 따라서 법화경의 가르침은 그 의미가 분명하고 심오하다 못해
너무 아득하고 멀어서 누구도 능히 그 경계를 쉽게 파악할 수 없느니라.
그렇지만 이제 부처님은 보살들을 교화하여 깨달음을 성취시키고자, 보살들을 위해
그 가르침을 열어 보여주느니라. 약왕보살이여! 만일 어떤 보살이 이 법화경을 듣고

의	포	외		당	지		시	위	신
疑	怖	畏		當	知		是	爲	新
의심할 의	두려워할 포	두려워할 외		마땅히 당	알 지		이 시	할 위	새 신

발	의	보	살		약	성	문	인
發	意	菩	薩		若	聲	聞	人
필 발	뜻 의	보리 보	보살 살		만약 약	소리 성	들을 문	사람 인

문	시	경		경	의	포	외		당
聞	是	經		驚	疑	怖	畏		當
들을 문	이 시	경 경		놀랄 경	의심할 의	두려워할 포	두려워할 외		마땅히 당

지		시	위	증	상	만	자		약
知		是	爲	增	上	慢	者		藥
알 지		이 시	할 위	더할 증	위 상	거만할 만	놈 자		약 약

왕		약	유	선	남	자	선	여	인
王		若	有	善	男	子	善	女	人
임금 왕		만약 약	있을 유	착할 선	사내 남	아들 자	착할 선	여자 여	사람 인

놀라서 의심하며 두려워한다면, 그 자는 발심한 지 얼마 안 된 보살임에 틀림없느니라.
그러나 성문 지위에 있으면서 이 경을 듣고 놀라서 의심하며 두려워한다면,
그 사람은 깨닫지 못하고도 깨달은 체하는 증상만자임에 틀림없으니 잘 유념하도록 하여라.
약왕보살이여! 만약 어떤 선남자 선여인이

여	래	멸	후		욕	위	사	중
如	來	滅	後		欲	爲	四	衆
같을 여	올 래	멸할 멸	뒤 후		하고자할 욕	위할 위	넉 사	무리 중

설	시	법	화	경	자		운	하	응
說	是	法	華	經	者		云	何	應
말씀 설	이 시	법 법	꽃 화	경 경	놈 자		이를 운	어찌 하	응당히 응

설		시	선	남	자	선	여	인
說		是	善	男	子	善	女	人
말씀 설		이 시	착할 선	사내 남	아들 자	착할 선	여자 여	사람 인

입	여	래	실		착	여	래	의
入	如	來	室		著	如	來	衣
들 입	같을 여	올 래	집 실		입을 착	같을 여	올 래	옷 의

좌	여	래	좌		이	내	응	위	사
坐	如	來	座		爾	乃	應	爲	四
앉을 좌	같을 여	올 래	자리 좌		그 이	이에 내	응당히 응	위할 위	넉 사

여래가 열반한 뒤에 사부대중을 위하여
이 법화경을 설하고자 한다면 어떻게 설해야 하는가?
그 선남자 선여인은 여래의 방에 들어가서
여래의 옷을 입고 여래의 자리에 앉아, 사부대중을 위해

중		광	설	사	경		여	래	실
衆		廣	說	斯	經		如	來	室
무리 중		넓을 광	말씀 설	이 사	경 경		같을 여	올 래	집 실

자		일	체	중	생	중		대	자
者		一	切	衆	生	中		大	慈
놈 자		한 일	모두 체	무리 중	날 생	가운데 중		큰 대	사랑 자

비	심	시		여	래	의	자		유
悲	心	是		如	來	衣	者		柔
슬플 비	마음 심	이 시		같을 여	올 래	옷 의	놈 자		부드러울 유

화	인	욕	심	시		여	래	좌	자
和	忍	辱	心	是		如	來	座	者
화평할 화	참을 인	욕될 욕	마음 심	이 시		같을 여	올 래	자리 좌	놈 자

일	체	법	공	시		안	주	시	중
一	切	法	空	是		安	住	是	中
한 일	모두 체	법 법	빌 공	이 시		편안할 안	머물 주	이 시	가운데 중

자세히 이 경을 설해야 하느니라. 여래의 방이란 일체 중생들에 대하여
크게 자비한 마음이며, 여래의 옷이란 부드럽고 온화한 인욕의 마음이고,
여래의 자리란 모든 법의 공한 경지가 그것이니라.
따라서 그런 조건 속에 편안히 머문 뒤에

연	후		이	불	해	태	심		위
然	後		以	不	懈	怠	心		爲
그러할연	뒤후		써이	아닐불	게으를해	게으를태	마음심		위할위

제	보	살		급	사	중		광	설
諸	菩	薩		及	四	衆		廣	說
모든제	보리보	보살살		및급	넉사	무리중		넓을광	말씀설

시	법	화	경		약	왕		아	어
是	法	華	經		藥	王		我	於
이시	법법	꽃화	경경		약약	임금왕		나아	어조사어

여	국		견	화	인		위	기	집
餘	國		遣	化	人		爲	其	集
남을여	나라국		보낼견	화할화	사람인		위할위	그기	모을집

청	법	중		역	견	화	비	구	비
聽	法	衆		亦	遣	化	比	丘	比
들을청	법법	무리중		또역	보낼견	화할화	견줄비	언덕구	견줄비

게으른 마음 없이 여러 보살들과 사부대중을 위하여
상세하게 이 법화경을 설해야 하느니라. 약왕보살이여!
내가 다른 세계에서 변화로 된 사람을 보내어 설법하는 자를 위해
가르침 들을 만한 대중들을 모이게 하리라. 또한 변화로 된 비구·비구니와

구	니		우	바	새	우	바	이
丘	尼		優	婆	塞	優	婆	夷
언덕 구	여승 니		넉넉할 우	할미 파(바)	변방 새	넉넉할 우	할미 파(바)	오랑캐 이

청	기	설	법		시	제	화	인
聽	其	說	法		是	諸	化	人
들을 청	그 기	말씀 설	법 법		이 시	모든 제	화할 화	사람 인

문	법	신	수		수	순	불	역
聞	法	信	受		隨	順	不	逆
들을 문	법 법	믿을 신	받을 수		따를 수	순할 순	아닐 불	거스를 역

약	설	법	자		재	공	한	처
若	說	法	者		在	空	閑	處
만약 약	말씀 설	법 법	놈 자		있을 재	빌 공	한가할 한	곳 처

아	시		광	견	천	룡	귀	신
我	時		廣	遣	天	龍	鬼	神
나 아	때 시		넓을 광	보낼 견	하늘 천	용 룡	귀신 귀	귀신 신

우바새·우바이를 보내어 그의 설법을 듣도록 하리라.
변화로 된 모든 사람들은 가르침을 들으면 믿고 잘 받아들이며 어기지 않고 순응하리라.
그리고 만약 설법하는 자가 아무도 없는 한적한 곳에 있다면,
내가 하늘천신과 용·귀신·

건	달	바	아	수	라	등		청	기
乾	闥	婆	阿	修	羅	等		聽	其
하늘 건	대궐문 달	할미 파(바)	언덕 아	닦을 수	새그물 라	무리 등		들을 청	그 기

설	법		아	수	재	이	국		시
說	法		我	雖	在	異	國		時
말씀 설	법 법		나 아	비록 수	있을 재	다를 이	나라 국		때 시

시		영	설	법	자		득	견	아
時		令	說	法	者		得	見	我
때 시		하여금 영	말씀 설	법 법	놈 자		얻을 득	볼 견	나 아

신		약	어	차	경		망	실	구
身		若	於	此	經		忘	失	句
몸 신		만약 약	어조사 어	이 차	경 경		잊을 망	잃을 실	글귀 구

두		아	환	위	설		영	득	구
逗		我	還	爲	說		令	得	具
머무를 두		나 아	돌아올 환	위할 위	말씀 설		하여금 영	얻을 득	갖출 구

건달바·아수라 등을 두루 보내어 그의 설법을 듣게 하리라.
또 내가 비록 다른 세계에 있더라도 때때로 설법하는 자로 하여금
나의 몸을 보게끔 할 것이며, 만약 암송하다가 경의 구절을 잊어버리면
내가 그에게 돌아가서 가르쳐주고 완벽하게 외우도록 하리라."

족		이	시	세	존		욕	중	선
足		爾	時	世	尊		欲	重	宣
족할 족		그 이	때 시	세상 세	높을 존		하고자할 욕	거듭할 중	베풀 선

차	의		이	설	게	언		욕	사
此	義		而	說	偈	言		欲	捨
이 차	의미 의		말이을 이	말씀 설	게송 게	말씀 언		하고자할 욕	버릴 사

제	해	태		응	당	청	차	경
諸	懈	怠		應	當	聽	此	經
모든 제	게으를 해	게으를 태		응당히 응	마땅히 당	들을 청	이 차	경 경

시	경	난	득	문		신	수	자	역
是	經	難	得	聞		信	受	者	亦
이 시	경 경	어려울 난	얻을 득	들을 문		믿을 신	받을 수	놈 자	또 역

난		여	인	갈	수	수		천	착
難		如	人	渴	須	水		穿	鑿
어려울 난		같을 여	사람 인	목마를 갈	필요할 수	물 수		뚫을 천	뚫을 착

그때 세존께서 거듭 의미를 표현하시고자 게송으로 말씀하셨다.
　　모든 게으른 생각 없애려고 노력하며 응당 이 법화경을 들어야 하나니,
　　이 경은 듣기도 어렵지만 믿고 받아들이기 또한 어렵기 때문이니라.
　　마치 누군가 목말라 물을 구하여

어	고	원		유	견	건	조	토
於	高	原		猶	見	乾	燥	土
어조사 어	높을 고	언덕 원		오히려 유	볼 견	마를 건	마를 조	흙 토

지	거	수	상	원		점	견	습	토
知	去	水	尙	遠		漸	見	濕	土
알 지	갈 거	물 수	오히려 상	멀 원		점점 점	볼 견	축축할 습	흙 토

니		결	정	지	근	수		약	왕
泥		決	定	知	近	水		藥	王
진흙 니		결단할 결	정할 정	알 지	가까울 근	물 수		약 약	임금 왕

여	당	지		여	시	제	인	등
汝	當	知		如	是	諸	人	等
너 여	마땅히 당	알 지		같을 여	이 시	모든 제	사람 인	무리 등

불	문	법	화	경		거	불	지	심
不	聞	法	華	經		去	佛	智	甚
아닐 불	들을 문	법 법	꽃 화	경 경		갈 거	부처 불	슬기 지	심할 심

높은 언덕에서 우물을 파되 물기 없는 마른 흙만 보게 되면 물이 나오려면
아직 멀었다고 알기 마련이나, 점점 축축한 흙과 진흙탕을 보게 되면
물이 곧 나올 것임을 확실히 짐작하게 마련이듯 약왕보살이여, 마땅히 잘 명심하여라.
이와 같이 모든 사람들이 법화경을 듣지 못하면 부처님 지혜 얻기가 매우 아득한 일이나,

원		약	문	시	심	경		결	료
遠		若	聞	是	深	經		決	了
멀 원		만약 약	들을 문	이 시	깊을 심	경 경		결단할 결	마칠 료

성	문	법		시	제	경	지	왕
聲	聞	法		是	諸	經	之	王
소리 성	들을 문	법 법		이 시	모든 제	경 경	어조사 지	임금 왕

문	이	제	사	유		당	지	차	인
聞	已	諦	思	惟		當	知	此	人
들을 문	마칠 이	살필 체(제)	생각할 사	생각할 유		마땅히 당	알 지	이 차	사람 인

등		근	어	불	지	혜		약	인
等		近	於	佛	智	慧		若	人
무리 등		가까울 근	어조사 어	부처 불	슬기 지	지혜 혜		만약 약	사람 인

설	차	경		응	입	여	래	실
說	此	經		應	入	如	來	室
말씀 설	이 차	경 경		응당히 응	들 입	같을 여	올 래	집 실

성문 소승법의 한계를 명확히 밝혀낸 이 깊은 경전이야말로
경전들 중의 왕이란 말씀을 듣고 깊이 사색한다면
이들은 부처님 지혜에 거의 다다른 상태임을 알라.
만약 누군가 이 경을 설하려면 응당 여래의 방에 들어가

착	어	여	래	의		이	좌	여	래
著	於	如	來	衣		而	坐	如	來
입을 착	어조사 어	같을 여	올 래	옷 의		말이을 이	앉을 좌	같을 여	올 래

좌		처	중	무	소	외		광	위
座		處	衆	無	所	畏		廣	爲
자리 좌		곳 처	무리 중	없을 무	바 소	두려워할 외		넓을 광	위할 위

분	별	설		대	자	비	위	실
分	別	說		大	慈	悲	爲	室
나눌 분	나눌 별	말씀 설		큰 대	사랑 자	슬플 비	할 위	집 실

유	화	인	욕	의		제	법	공	위
柔	和	忍	辱	衣		諸	法	空	爲
부드러울 유	화평할 화	참을 인	욕될 욕	옷 의		모든 제	법 법	빌 공	할 위

좌		처	차	위	설	법		약	설
座		處	此	爲	說	法		若	說
자리 좌		곳 처	이 차	위할 위	말씀 설	법 법		만약 약	말씀 설

여래의 옷을 입고 여래의 자리에 앉아 대중 가운데에서
두려움 없이 널리 분별하여 자세히 설할지니,
대자비로 방을 삼으며 부드럽고 온화한 인욕의 옷을 입고
모든 법이 공한 경지를 법좌로 삼아 그런 조건 속에서 중생을 위해 설법하되,

차	경	시		유	인	악	구	매	
此	經	時		有	人	惡	口	罵	
이 차	경 경	때 시		있을 유	사람 인	악할 악	입 구	욕할 매	

가	도	장	와	석		염	불	고	응
加	刀	杖	瓦	石		念	佛	故	應
더할 가	칼 도	지팡이 장	기와 와	돌 석		생각할 염	부처 불	연고 고	응당히 응

인		아	천	만	억	토		현	정
忍		我	千	萬	億	土		現	淨
참을 인		나 아	일천 천	일만 만	억 억	흙 토		나타날 현	깨끗할 정

견	고	신		어	무	량	억	겁	
堅	固	身		於	無	量	億	劫	
굳을 견	굳을 고	몸 신		어조사 어	없을 무	헤아릴 량	억 억	겁 겁	

위	중	생	설	법		약	아	멸	도
爲	衆	生	說	法		若	我	滅	度
위할 위	무리 중	날 생	말씀 설	법 법		만약 약	나 아	멸할 멸	건널 도

만약 이 경을 설할 때 어떤 사람이 나쁜 말로 욕하며 칼과 작대기·
기와·돌로 때리더라도 부처님 생각하고 응당 참아야 하느니라.
나도 천만억 세계에서 깨끗하고 견고한 몸 나타내어
무량억 겁 동안 한량없이 중생 위해 설법하리니, 내 열반한 뒤에

후		능	설	차	경	자		아	견
後		能	說	此	經	者		我	遣
뒤 후		능할 능	말씀 설	이 차	경 경	놈 자		나 아	보낼 견

화	사	중		비	구	비	구	니	
化	四	衆		比	丘	比	丘	尼	
화할 화	넉 사	무리 중		견줄 비	언덕 구	견줄 비	언덕 구	여승 니	

급	청	신	사	녀		공	양	어	법
及	淸	信	士	女		供	養	於	法
및 급	맑을 청	믿을 신	선비 사	여자 녀		이바지할 공	기를 양	어조사 어	법 법

사		인	도	제	중	생		집	지
師		引	導	諸	衆	生		集	之
스승 사		끌 인	이끌 도	모든 제	무리 중	날 생		모을 집	어조사 지

령	청	법		약	인	욕	가	악	
令	聽	法		若	人	欲	加	惡	
하여금 령	들을 청	법 법		만약 약	사람 인	하고자할 욕	더할 가	악할 악	

이 경전을 설하는 이에게는 변화로 된 비구·비구니와
청신사·청신녀 보내어 법사를 공양하도록 하며
많은 중생들 인도하고 소집하여 법을 듣게 하리라.
만일 누군가 법사에게 나쁜 마음먹고

도	장	급	와	석		즉	견	변	화
刀	杖	及	瓦	石		則	遣	變	化
칼 도	지팡이 장	및 급	기와 와	돌 석		곧 즉	보낼 견	변할 변	화할 화

인		위	지	작	위	호		약	설
人		爲	之	作	衛	護		若	說
사람 인		위할 위	어조사 지	지을 작	호위할 위	보호할 호		만약 약	말씀 설

법	지	인		독	재	공	한	처	
法	之	人		獨	在	空	閑	處	
법 법	어조사 지	사람 인		홀로 독	있을 재	빌 공	한가할 한	곳 처	

적	막	무	인	성		독	송	차	경
寂	寞	無	人	聲		讀	誦	此	經
고요할 적	쓸쓸할 막	없을 무	사람 인	소리 성		읽을 독	외울 송	이 차	경 경

전		아	이	시	위	현		청	정
典		我	爾	時	爲	現		淸	淨
법 전		나 아	그 이	때 시	위할 위	나타날 현		맑을 청	깨끗할 정

칼과 몽둥이·기와·돌로 해치려고 한다면
즉시 변화로 된 사람 보내어 법사를 지키고 보호하게 하며,
만약 설법하는 사람이 홀로 고요한 곳에 있으며 적막하고
아무도 없는 곳에서 이 경전을 읽고 외우거든, 내 그때

광	명	신		약	망	실	장	구
光	明	身		若	忘	失	章	句
빛 광	밝을 명	몸 신		만약 약	잊을 망	잃을 실	글 장	글귀 구

위	설	령	통	리		약	인	구	시
爲	說	令	通	利		若	人	具	是
위할 위	말씀 설	하여금 령	통할 통	통할 리		만약 약	사람 인	갖출 구	이 시

덕		혹	위	사	중	설		공	처
德		或	爲	四	衆	說		空	處
덕 덕		혹 혹	위할 위	넉 사	무리 중	말씀 설		빌 공	곳 처

독	송	경		개	득	견	아	신
讀	誦	經		皆	得	見	我	身
읽을 독	외울 송	경 경		다 개	얻을 득	볼 견	나 아	몸 신

약	인	재	공	한		아	견	천	용
若	人	在	空	閑		我	遣	天	龍
만약 약	사람 인	있을 재	빌 공	한가할 한		나 아	보낼 견	하늘 천	용 용

청정한 광명의 몸을 나타내어 혹 그가 글귀를 잊어버려서 막히게 되면
그를 위해 일러주어서 막히지 않고 통달케 하리라. 만약 누군가 이런 공덕 갖추고
혹 사부대중 위해 설하거나 외진 곳에서 경을 읽고 외우면 모두 나의 몸을 볼 것이니,
만일 그가 외딴 곳에 있다면 내가 하늘천신과 용왕

왕		야	차	귀	신	등		위	작
王		夜	叉	鬼	神	等		爲	作
임금 왕		밤 야	깍지낄 차	귀신 귀	귀신 신	무리 등		위할 위	지을 작

청	법	중		시	인	요	설	법	
聽	法	衆		是	人	樂	說	法	
들을 청	법 법	무리 중		이 시	사람 인	좋아할 요	말씀 설	법 법	

분	별	무	가	애		제	불	호	념
分	別	無	罣	礙		諸	佛	護	念
나눌 분	나눌 별	없을 무	걸릴 괘(가)	거리낄 애		모든 제	부처 불	보호할 호	생각할 념

고		능	령	대	중	희		약	친
故		能	令	大	衆	喜		若	親
연고 고		능할 능	하여금 령	큰 대	무리 중	기쁠 희		만약 약	친할 친

근	법	사		속	득	보	살	도	
近	法	師		速	得	菩	薩	道	
가까울 근	법 법	스승 사		빠를 속	얻을 득	보리 보	보살 살	길 도	

야차와 귀신들을 보내어 청법 대중이 되도록 하되,
그는 설법하기를 좋아하고 내용을 분별함에 전혀 막힘이 없는 데다
모든 부처님들의 가호를 받고 있으므로 대중들로 하여금 기쁘게 할 수 있으리라.
법사를 가까이 모시게 되면 빨리 보살도를 완성할 것이고,

수	순	시	사	학		득	견	항	사
隨	順	是	師	學		得	見	恒	沙
따를 수	순할 순	이 시	스승 사	배울 학		얻을 득	볼 견	항상 항	모래 사

불									
佛									
부처 불									

그 법사 말에 수순하여 배운다면
항하의 모래알처럼 많은 부처님들을 뵙게 되리라.

제10 법사품

제	십	일		견	보	탑	품
第	十	一		見	寶	塔	品
차례제	열십	한일		볼견	보배보	탑탑	가지품

이	시	불	전		유	칠	보	탑
爾	時	佛	前		有	七	寶	塔
그이	때시	부처불	앞전		있을유	일곱칠	보배보	탑탑

고	오	백	유	순		종	광	이	백
高	五	百	由	旬		縱	廣	二	百
높을고	다섯오	일백백	유순유	유순순		세로종	가로광	두이	일백백

오	십	유	순		종	지	용	출
五	十	由	旬		從	地	涌	出
다섯오	열십	유순유	유순순		좇을종	땅지	솟을용	날출

주	재	공	중		종	종	보	물
住	在	空	中		種	種	寶	物
머물주	있을재	빌공	가운데중		종류종	종류종	보배보	만물물

제11 견보탑품
그때 석가모니 부처님 앞에 높이가 오백 유순이며 가로와 세로는
이백오십 유순 정도 되는 칠보탑 하나가 땅이 갈라지면서 땅속에서부터
솟아 나와 공중 한가운데에 멈추었다. 그 탑은 여러 가지 보물로

이	장	교	지		오	천	난	순
而	莊	校	之		五	千	欄	楯
말이을이	꾸밀 장	장식할 교	어조사 지		다섯 오	일천 천	난간 난	난간 순

감	실	천	만		무	수	당	번
龕	室	千	萬		無	數	幢	幡
감실 감	집 실	일천 천	일만 만		없을 무	셀 수	기 당	기 번

이	위	엄	식		수	보	영	락
以	爲	嚴	飾		垂	寶	瓔	珞
써 이	할 위	엄할 엄	꾸밀 식		드리울 수	보배 보	구슬목걸이 영	구슬목걸이 락

보	령	만	억		이	현	기	상
寶	鈴	萬	億		而	懸	其	上
보배 보	방울 령	일만 만	억 억		말이을이	매달 현	그 기	위 상

사	면	개	출		다	마	라	발
四	面	皆	出		多	摩	羅	跋
넉 사	방위 면	다 개	날 출		많을 다	갈 마	새그물 라	밟을 발

장식되었고 오천 개의 난간에 감실만도 천만 군데이며,
수많은 깃발로써 장엄하게 꾸며져 있었다. 게다가
보배영락이 아름드리 드리워졌는데 만억 개나 되는
보배방울이 그 위에 대롱대롱 매달렸고, 사면에서는 다마라발

전	단	지	향		충	변	세	계
栴	檀	之	香		充	遍	世	界
단향목 전	단향목 단	어조사 지	향기 향		찰 충	두루 편(변)	세상 세	지경 계

기	제	번	개		이	금	은	유	리
其	諸	幡	蓋		以	金	銀	琉	璃
그 기	모든 제	기 번	덮개 개		써 이	쇠 금	은 은	유리 유	유리 리

자	거	마	노		진	주	매	괴
硨	磲	瑪	瑙		眞	珠	玫	瑰
옥돌 자	옥돌 거	마노 마	마노 노		참 진	구슬 주	매괴 매	구슬이름 괴

칠	보	합	성		고	지	사	천	왕
七	寶	合	成		高	至	四	天	王
일곱 칠	보배 보	합할 합	이룰 성		높을 고	이를 지	넉 사	하늘 천	임금 왕

궁		삼	십	삼	천		우	천	만
宮		三	十	三	天		雨	天	曼
집 궁		석 삼	열 십	석 삼	하늘 천		비 우	하늘 천	아름다울 만

전단나무 향기가 그윽히 풍겨 나와 온 세계에 진동하였다.
그 모든 번기와 일산들은 금·은·유리·자거·마노·진주·매괴의
칠보로써 이루어졌으며, 일산의 높이는 무려 사천왕궁에까지 이르렀다.
삼십삼천의 천신들은 하늘의

다	라	화		공	양	보	탑		여
陀	羅	華		供	養	寶	塔		餘
비탈질 타(다)	새그물 라	꽃 화		이바지할 공	기를 양	보배 보	탑 탑		남을 여

제	천	룡	야	차		건	달	바	아
諸	天	龍	夜	叉		乾	闥	婆	阿
모든 제	하늘 천	용 룡	밤 야	깍지낄 차		하늘 건	대궐문 달	할미 파(바)	언덕 아

수	라		가	루	라	긴	나	라
修	羅		迦	樓	羅	緊	那	羅
닦을 수	새그물 라		막을 가	다락 루	새그물 라	긴할 긴	어찌 나	새그물 라

마	후	라	가		인	비	인	등
摩	睺	羅	伽		人	非	人	等
갈 마	애꾸눈 후	새그물 라	절 가		사람 인	아닐 비	사람 인	무리 등

천	만	억	중		이	일	체	화	향
千	萬	億	衆		以	一	切	華	香
일천 천	일만 만	억 억	무리 중		써 이	한 일	모두 체	꽃 화	향기 향

만다라꽃을 꽃비로 내리며 보배탑에 공양하였고,
나머지 다른 하늘천신들과 용·야차 그리고
건달바·아수라·가루라·긴나라·마후라가 같이
사람인 듯하면서 아닌 천만억 대중들은 온갖 꽃과 향·

영	락		번	개	기	악		공	양
瓔	珞		幡	蓋	伎	樂		供	養
구슬목걸이 영	구슬목걸이 락		기 번	덮개 개	재주 기	풍류 악		이바지할 공	기를 양

보	탑		공	경	존	중	찬	탄
寶	塔		恭	敬	尊	重	讚	歎
보배 보	탑 탑		공손할 공	공경할 경	높을 존	무거울 중	칭찬할 찬	찬탄할 탄

이	시	보	탑	중		출	대	음	성
爾	時	寶	塔	中		出	大	音	聲
그 이	때 시	보배 보	탑 탑	가운데 중		날 출	큰 대	소리 음	소리 성

탄	언		선	재	선	재		석	가
歎	言		善	哉	善	哉		釋	迦
찬탄할 탄	말씀 언		착할 선	어조사 재	착할 선	어조사 재		풀 석	막을 가

모	니	세	존		능	이	평	등	대
牟	尼	世	尊		能	以	平	等	大
소우는소리 모	여승 니	세상 세	높을 존		능할 능	써 이	평평할 평	같을 등	큰 대

영락·번기·일산·악기 등을 가지고 보배탑에 공양드리며 공경하고 존중히 찬탄하였다.
그때 보배탑 속에서 큰 음성이 울려 나와 찬탄하기를,
"오, 거룩하시고 거룩하십니다! 석가모니 세존이시여!
능히 평등한 큰 지혜로써

혜		교	보	살	법		불	소	호
慧		教	菩	薩	法		佛	所	護
지혜 혜		가르칠 교	보리 보	보살 살	법 법		부처 불	바 소	보호할 호

념		묘	법	화	경		위	대	중
念		妙	法	華	經		爲	大	衆
생각할 념		묘할 묘	법 법	꽃 화	경 경		위할 위	큰 대	무리 중

설		여	시	여	시		석	가	모
說		如	是	如	是		釋	迦	牟
말씀 설		같을 여	이 시	같을 여	이 시		풀 석	막을 가	소우는소리 모

니	세	존		여	소	설	자		개
尼	世	尊		如	所	說	者		皆
여승 니	세상 세	높을 존		같을 여	바 소	말씀 설	놈 자		다 개

시	진	실		이	시	사	중		견
是	眞	實		爾	時	四	衆		見
이 시	참 진	진실 실		그 이	때 시	넉 사	무리 중		볼 견

보살을 가르치는 법이며 부처님이 호념하시는 묘법연화경을
대중 위해 설하시다니, 참으로 훌륭하십니다!
석가모니 세존께서 설하신 내용들은 모두 참이며 진실입니다!"
그때 사부대중은

대	보	탑		주	재	공	중		우
大	寶	塔		住	在	空	中		又
큰 대	보배 보	탑 탑		머물 주	있을 재	빌 공	가운데 중		또 우

문	탑	중		소	출	음	성		개
聞	塔	中		所	出	音	聲		皆
들을 문	탑 탑	가운데 중		바 소	날 출	소리 음	소리 성		다 개

득	법	희		괴	미	증	유		종
得	法	喜		怪	未	曾	有		從
얻을 득	법 법	기쁠 희		기이할 괴	아닐 미	일찍 증	있을 유		좇을 종

좌	이	기		공	경	합	장		각
座	而	起		恭	敬	合	掌		却
자리 좌	말 이을 이	일어날 기		공손할 공	공경할 경	합할 합	손바닥 장		물러날 각

주	일	면		이	시		유	보	살
住	一	面		爾	時		有	菩	薩
머물 주	한 일	방위 면		그 이	때 시		있을 유	보리 보	보살 살

거대한 보배탑이 공중에 둥실 떠 있는 것을 보고, 또 탑 속에서
우렁우렁 크게 울려 나오는 음성을 듣자 모두 법의 기쁨을 느꼈다.
그리고 일찍이 없던 일이라 의아스럽게 여기며,
자리에서 일어나 공손히 합장한 채 한 쪽으로 물러났다. 그때

마	하	살		명	대	요	설		지
摩	訶	薩		名	大	樂	說		知
갈 마	꾸짖을 가(하)	보살 살		이름 명	큰 대	좋아할 요	말씀 설		알 지

일	체	세	간		천	인	아	수	라
一	切	世	間		天	人	阿	修	羅
한 일	모두 체	세상 세	사이 간		하늘 천	사람 인	언덕 아	닦을 수	새그물 라

등		심	지	소	의		이	백	불
等		心	之	所	疑		而	白	佛
무리 등		마음 심	어조사 지	바 소	의심할 의		말이을 이	사뢸 백	부처 불

언		세	존		이	하	인	연	
言		世	尊		以	何	因	緣	
말씀 언		세상 세	높을 존		써 이	어찌 하	인할 인	인연 연	

유	차	보	탑		종	지	용	출	
有	此	寶	塔		從	地	涌	出	
있을 유	이 차	보배 보	탑 탑		좇을 종	땅 지	솟을 용	날 출	

대요설이라 부르는 한 보살마하살이 있었는데, 모든 세상의 하늘천신과 사람
그리고 아수라들이 마음속으로 이상스럽게 생각하는 것을 알고는 부처님께 사뢰었다.
"세존이시여!
무슨 인연으로써 저 보배탑이 땅속에서부터 솟아 나왔으며,

우	어	기	중		발	시	음	성
又	於	其	中		發	是	音	聲
또우	어조사어	그기	가운데중		필발	이시	소리음	소리성

이	시		불	고	대	요	설	보	살
爾	時		佛	告	大	樂	說	菩	薩
그이	때시		부처불	알릴고	큰대	좋아할요	말씀설	보리보	보살살

차	보	탑	중		유	여	래	전	신
此	寶	塔	中		有	如	來	全	身
이차	보배보	탑탑	가운데중		있을유	같을여	올래	온전할전	몸신

내	왕	과	거		동	방		무	량
乃	往	過	去		東	方		無	量
이에내	갈왕	지날과	갈거		동녘동	방위방		없을무	헤아릴량

천	만	억		아	승	기	세	계
千	萬	億		阿	僧	祇	世	界
일천천	일만만	억억		언덕아	중승	토지신기	세상세	지경계

> 또 어떤 분이 탑 속에서 저렇게 큰 소리를 내시나이까?"
> 그때 부처님께서 대요설보살에게 이르시었다.
> "저 보배탑 속에는 여래의 몸 전체가 모셔져 있느니라.
> 먼 옛날 동방으로 한량없는 천만억 아승기의 수많은 세계를 지나서,

국	명	보	정		피	중	유	불
國	名	寶	淨		彼	中	有	佛
나라 국	이름 명	보배 보	깨끗할 정		저 피	가운데 중	있을 유	부처 불

호	왈	다	보		기	불		행	보
號	曰	多	寶		其	佛		行	菩
이름 호	가로 왈	많을 다	보배 보		그 기	부처 불		행할 행	보리 보

살	도	시		작	대	서	원	약
薩	道	時		作	大	誓	願	若
보살 살	길 도	때 시		지을 작	큰 대	맹세할 서	원할 원	만약 약

아	성	불		멸	도	지	후	어
我	成	佛		滅	度	之	後	於
나 아	이룰 성	부처 불		멸할 멸	건널 도	어조사 지	뒤 후	어조사 어

시	방	국	토		유	설	법	화	경
十	方	國	土		有	說	法	華	經
열 십(시)	방위 방	나라 국	흙 토		있을 유	말씀 설	법 법	꽃 화	경 경

보정세계가 있었느니라. 그 세계에 부처님께서 계셨으니,
바로 다보 부처님이셨느니라. 그 부처님께서 보살도를 닦고 계실 때에
큰 서원을 세우셨으니, '만약 내가 성불하고 나서 열반한 뒤에
시방세계 어느 곳이든 법화경을 설하는 곳이 있다면,

처		아	지	탑	묘		위	청	시
處		我	之	塔	廟		爲	聽	是
곳 처		나 아	어조사 지	탑 탑	사당 묘		위할 위	들을 청	이 시

경	고		용	현	기	전		위	작
經	故		涌	現	其	前		爲	作
경 경	연고 고		솟을 용	나타날 현	그 기	앞 전		위할 위	지을 작

증	명		찬	언	선	재		피	불
證	明		讚	言	善	哉		彼	佛
증거 증	밝을 명		칭찬할 찬	말씀 언	착할 선	어조사 재		저 피	부처 불

성	도	이		임	멸	도	시		어
成	道	己		臨	滅	度	時		於
이룰 성	길 도	마칠 이		임할 임	멸할 멸	건널 도	때 시		어조사 어

천	인	대	중	중		고	제	비	구
天	人	大	衆	中		告	諸	比	丘
하늘 천	사람 인	큰 대	무리 중	가운데 중		알릴 고	모든 제	견줄 비	언덕 구

나의 탑이 경을 듣기 위해서 그 앞에 솟아나리라.
그리고 설법을 증명하기 위해 거룩하다고 찬탄하리라.'
이윽고 그 다보 부처님께서 성도하신 다음 열반하실 때가 이르자,
부처님께서는 하늘천신과 인간 대중 가운데에서 여러 비구들에게 말씀하셨느니라.

아	멸	도	후		욕	공	양	아	전
我	滅	度	後		欲	供	養	我	全
나 아	멸할 멸	건널 도	뒤 후		하고자할 욕	이바지할 공	기를 양	나 아	온전할 전

신	자		응	기	일	대	탑		기
身	者		應	起	一	大	塔		其
몸 신	놈 자		응당히 응	일어날 기	한 일	큰 대	탑 탑		그 기

불		이	신	통	원	력		시	방
佛		以	神	通	願	力		十	方
부처 불		써 이	신통할 신	통할 통	원할 원	힘 력		열 십(시)	방위 방

세	계		재	재	처	처		약	유
世	界		在	在	處	處		若	有
세상 세	지경 계		있을 재	있을 재	곳 처	곳 처		만약 약	있을 유

설	법	화	경	자		피	지	보	탑
說	法	華	經	者		彼	之	寶	塔
말씀 설	법 법	꽃 화	경 경	놈 자		저 피	어조사 지	보배 보	탑 탑

'내가 열반한 뒤 나의 전신에 공양하고자 하는 이는
마땅히 큰 탑을 하나 세우도록 하여라!'
이리하여 다보 부처님의 신통력과 원력으로써 시방세계 어느 곳이든
법화경을 설하는 세존이 계신 곳이라면, 부처님의 보배탑이

개	용	출	기	전		전	신		재
皆	涌	出	其	前		全	身		在
다 개	솟을 용	날 출	그 기	앞 전		온전할 전	몸 신		있을 재

어	탑	중		찬	언		선	재	선
於	塔	中		讚	言		善	哉	善
어조사 어	탑 탑	가운데 중		칭찬할 찬	말씀 언		착할 선	어조사 재	착할 선

재		대	요	설		금	다	보	여
哉		大	樂	說		今	多	寶	如
어조사 재		큰 대	좋아할 요	말씀 설		이제 금	많을 다	보배 보	같을 여

래	탑		문	설	법	화	경	고
來	塔		聞	說	法	華	經	故
올 래	탑 탑		들을 문	말씀 설	법 법	꽃 화	경 경	연고 고

종	지	용	출		찬	언		선	재
從	地	涌	出		讚	言		善	哉
좇을 종	땅 지	솟을 용	날 출		칭찬할 찬	말씀 언		착할 선	어조사 재

모두 그 앞에 솟아 나오느니라. 그리고 다보 부처님의 전신이 탑 속에 계시면서 말씀하시기를,
'거룩하시고 거룩하십니다!' 라고 칭찬하시느니라. 대요설보살이여!
그래서 지금도 다보여래의 탑이 법화경 설하는 것을 듣고자 땅속에서부터 솟아 나와서,
'거룩하시고 거룩하십니다!' 라고 칭찬해주신 것이니라."

선	재		시	시		대	요	설	보
善	哉		是	時		大	樂	說	菩
착할 선	어조사 재		이 시	때 시		큰 대	좋아할 요	말씀 설	보리 보

살		이	여	래	신	력	고		백
薩		以	如	來	神	力	故		白
보살 살		써 이	같을 여	올 래	신통할 신	힘 력	연고 고		사뢸 백

불	언		세	존		아	등		원
佛	言		世	尊		我	等		願
부처 불	말씀 언		세상 세	높을 존		나 아	무리 등		원할 원

욕	견	차	불	신		불	고	대	요
欲	見	此	佛	身		佛	告	大	樂
하고자할 욕	볼 견	이 차	부처 불	몸 신		부처 불	알릴 고	큰 대	좋아할 요

설		보	살	마	하	살		시	다
說		菩	薩	摩	訶	薩		是	多
말씀 설		보리 보	보살 살	갈 마	꾸짖을 가(하)	보살 살		이 시	많을 다

이때 대요설보살이 여래의 위신력을 입고 부처님께 사뢰었다.
"세존이시여!
저희들은 다보 부처님의 몸을 직접 뵈었으면 좋겠습니다."
부처님께서 대요설 보살마하살에게 이르시었다.

보	불		유	심	중	원		약	아
寶	佛		有	深	重	願		若	我
보배 보	부처 불		있을 유	깊을 심	무거울 중	원할 원		만약 약	나 아

보	탑		위	청	법	화	경	고
寶	塔		爲	聽	法	華	經	故
보배 보	탑 탑		위할 위	들을 청	법 법	꽃 화	경 경	연고 고

출	어	제	불	전	시		기	유	욕
出	於	諸	佛	前	時		其	有	欲
날 출	어조사 어	모든 제	부처 불	앞 전	때 시		그 기	있을 유	하고자할 욕

이	아	신		시	사	중	자		피
以	我	身		示	四	衆	者		彼
써 이	나 아	몸 신		보일 시	넉 사	무리 중	놈 자		저 피

불	분	신	제	불		재	어	시	방
佛	分	身	諸	佛		在	於	十	方
부처 불	나눌 분	몸 신	모든 제	부처 불		있을 재	어조사 어	열 십(시)	방위 방

"그 다보 부처님께서는 깊고 중대한 원력을 다음과 같이 세우셨느니라.
'만일 내 보배탑이 법화경을 듣기 위해 여러 부처님들 앞에 나타났을 때
어느 부처님이든 내 몸을 사부대중에게 보여주고자 한다면,
그 부처님의 모든 분신부처님들이

세	계	설	법		진	환	집	일	처
世	界	說	法		盡	還	集	一	處
세상 세	지경 계	말씀 설	법 법		다할 진	돌아올 환	모일 집	한 일	곳 처

연	후		아	신		내	출	현	이
然	後		我	身		乃	出	現	耳
그러할 연	뒤 후		나 아	몸 신		이에 내	날 출	나타날 현	어조사 이

대	요	설		아	분	신	제	불
大	樂	說		我	分	身	諸	佛
큰 대	좋아할 요	말씀 설		나 아	나눌 분	몸 신	모든 제	부처 불

재	어	시	방	세	계		설	법	자
在	於	十	方	世	界		說	法	者
있을 재	어조사 어	열 십(시)	방위 방	세상 세	지경 계		말씀 설	법 법	놈 자

금	응	당	집		대	요	설	백
今	應	當	集		大	樂	說	白
이제 금	응당히 응	마땅히 당	모을 집		큰 대	좋아할 요	말씀 설	사뢸 백

시방세계에서 설법하다가 전부 한 곳에 모인 다음에야 나의 몸을 나타내 보여주리라!'
그러니 대요설보살이여!
다보 부처님의 몸을 보려면 이제 시방세계에서 설법하고 있는
나의 분신부처님들을 먼저 다 모이도록 해야 하느니라."

불	언		세	존		아	등		역
佛	言		世	尊		我	等		亦
부처 불	말씀 언		세상 세	높을 존		나 아	무리 등		또 역

원	욕	견		세	존	분	신	제	불
願	欲	見		世	尊	分	身	諸	佛
원할 원	하고자할 욕	볼 견		세상 세	높을 존	나눌 분	몸 신	모든 제	부처 불

예	배	공	양		이	시		불	방
禮	拜	供	養		爾	時		佛	放
예도 예	절 배	이바지할 공	기를 양		그 이	때 시		부처 불	놓을 방

백	호	일	광		즉	견	동	방
白	毫	一	光		卽	見	東	方
흰 백	터럭 호	한 일	빛 광		곧 즉	볼 견	동녘 동	방위 방

오	백	만	억		나	유	타		항
五	百	萬	億		那	由	他		恒
다섯 오	일백 백	일만 만	억 억		어찌 나	말미암을 유	다를 타		항상 항

대요설보살이 부처님께 사뢰었다.
"세존이시여! 저희들은 세존의 모든 분신부처님들도 뵙고 절하고 싶습니다.
그리고 그분들께도 공양 올리고 싶습니다."
그때 부처님께서 두 눈썹 사이의 백호에서 한 줄기 광명을 놓으시니, 곧 동방으로 오백만억 나유타

하	사	등		국	토	제	불		피
河	沙	等		國	土	諸	佛		彼
물 하	모래 사	같을 등		나라 국	흙 토	모든 제	부처 불		저 피

제	국	토		개	이	파	려	위	지
諸	國	土		皆	以	玻	瓈	爲	地
모든 제	나라 국	흙 토		다 개	써 이	파려옥 파	파려옥 려	할 위	땅 지

보	수	보	의		이	위	장	엄
寶	樹	寶	衣		以	爲	莊	嚴
보배 보	나무 수	보배 보	옷 의		써 이	할 위	꾸밀 장	엄할 엄

무	수	천	만	억	보	살		충	만
無	數	千	萬	億	菩	薩		充	滿
없을 무	셀 수	일천 천	일만 만	억 억	보리 보	보살 살		찰 충	찰 만

기	중		변	장	보	만		보	망
其	中		遍	張	寶	幔		寶	網
그 기	가운데 중		두루 편(변)	베풀 장	보배 보	장막 만		보배 보	그물 망

항하의 모래알처럼 수많은 세계 속의 여러 부처님들을 친견하게 되었다.
그 여러 세계들은 전부 파려보배로 땅이 되었고, 보배나무와 보배옷으로써
눈부시게 장엄되었다. 게다가 천만억의 무수한 보살들이
그 세계들마다 충만하거늘, 보배장막을 널따랗게 치고

제11 견보탑품

라	상		피	국	제	불		이	대
羅	上		彼	國	諸	佛		以	大
벌릴 라	위 상		저 피	나라 국	모든 제	부처 불		써 이	큰 대

묘	음		이	설	제	법		급	견
妙	音		而	說	諸	法		及	見
묘할 묘	소리 음		말이을 이	말씀 설	모든 제	법 법		및 급	볼 견

무	량		천	만	억	보	살		변
無	量		千	萬	億	菩	薩		遍
없을 무	헤아릴 량		일천 천	일만 만	억 억	보리 보	보살 살		두루 편(변)

만	제	국		위	중	설	법		남
滿	諸	國		爲	衆	說	法		南
찰 만	모든 제	나라 국		위할 위	무리 중	말씀 설	법 법		남녘 남

서	북	방		사	유	상	하		백
西	北	方		四	維	上	下		白
서녘 서	북녘 북	방위 방		넉 사	모퉁이 유	위 상	아래 하		흰 백

보배그물이 그 위에 펼쳐져 있었다. 그 세계의 여러 부처님들께서는 크고 미묘한 음성으로써
많은 가르침들을 연설하시고 계셨다. 그리고 천만억의 한량없는 보살들이 여러 세계들에 충만한데,
대중을 위해 설법하고 있는 광경이 보였다. 남방세계도 마찬가지였고 서방세계와 북방세계도 그러했다.
또한 네 간방의 동남방·동북방·서남방·서북방세계도 그러했으며, 상방세계와 하방세계 등

호	상	광		소	조	지	처		역
毫	相	光		所	照	之	處		亦
터럭호	모양상	빛광		바소	비출조	어조사지	곳처		또역

부	여	시		이	시		시	방	제
復	如	是		爾	時		十	方	諸
다시부	같을여	이시		그이	때시		열 십(시)	방위방	모든제

불		각	고	중	보	살	언		선
佛		各	告	衆	菩	薩	言		善
부처불		각각각	알릴고	무리중	보리보	보살살	말씀언		착할선

남	자		아	금	응	왕		사	바
男	子		我	今	應	往		娑	婆
사내남	아들자		나아	이제금	응당히응	갈왕		춤출사	할미 파(바)

세	계		석	가	모	니	불	소
世	界		釋	迦	牟	尼	佛	所
세상세	지경계		풀석	막을가	소우는소리모	여승니	부처불	곳소

백호상의 광명이 뻗친 곳은 모두 다 그러하였다.
그때 시방의 모든 분신부처님들께서 각각 여러 보살들에게 이르시었다.
"선남자들이여!
내 지금 응당 사바세계의 석가모니 부처님 처소로 가야겠구나.

병	공	양		다	보	여	래	보	탑
幷	供	養		多	寶	如	來	寶	塔
아우를 병	이바지할 공	기를 양		많을 다	보배 보	같을 여	올 래	보배 보	탑 탑

시	사	바	세	계		즉	변	청	정
時	娑	婆	世	界		卽	變	淸	淨
때 시	춤출 사	할미 파(바)	세상 세	지경 계		곧 즉	변할 변	맑을 청	깨끗할 정

유	리	위	지			보	수	장	엄
琉	璃	爲	地			寶	樹	莊	嚴
유리 유	유리 리	할 위	땅 지			보배 보	나무 수	꾸밀 장	엄할 엄

황	금	위	승		이	계	팔	도	
黃	金	爲	繩		以	界	八	道	
누를 황	쇠 금	할 위	먹줄 승		써 이	경계할 계	여덟 팔	길 도	

무	제	취	락			촌	영	성	읍
無	諸	聚	落			村	營	城	邑
없을 무	모든 제	마을 취	촌락 락			마을 촌	집 영	성 성	고을 읍

아울러 다보여래의 보배탑에도 공양 올려야겠다!"
그러자 이때 사바세계는 곧 청정하게 바뀌어 청보석의 유리로 땅이 되고
많은 보배나무로 장엄되었다. 황금으로 줄을 꼬아 팔도를 경계하였으며,
여러 작은 부락과 마을·성읍 따위들과

대	해	강	하		산	천	임	수
大	海	江	河		山	川	林	藪
큰 대	바다 해	강 강	물 하		뫼 산	내 천	수풀 임	수풀 수

소	대	보	향		만	다	라	화
燒	大	寶	香		曼	陀	羅	華
사를 소	큰 대	보배 보	향기 향		아름다울 만	비탈질 타(다)	새그물 라	꽃 화

변	포	기	지		이	보	망	만
遍	布	其	地		以	寶	網	幔
두루 편(변)	베풀 포	그 기	땅 지		써 이	보배 보	그물 망	장막 만

나	부	기	상		현	제	보	령
羅	覆	其	上		懸	諸	寶	鈴
벌릴 나	덮을 부	그 기	위 상		매달 현	모든 제	보배 보	방울 령

유	류	차	회	중	이	제	천	인
唯	留	此	會	衆	移	諸	天	人
오직 유	머무를 류	이 차	모임 회	무리 중	옮길 이	모든 제	하늘 천	사람 인

큰 바다와 강·시내·산과 숲들이 다 없어졌다. 큰 보배향을 사르매 향내가 진동하였고,
아름다운 만다라꽃이 땅에 두루 뿌려졌다. 또 그 위에 보배그물과 보배장막을 펼쳤는데,
거기에다 갖가지 보배방울들이 여기저기 매달렸다. 그리고는 오직
그 회상에 모였던 대중들만 머무를 뿐, 그 밖의 다른 하늘천신들과 사람들은

치	어	타	토		시	시	제	불
置	於	他	土		是	時	諸	佛
둘치	어조사어	다를타	흙토		이시	때시	모든제	부처불

각	장	일	대	보	살		이	위	시
各	將	一	大	菩	薩		以	爲	侍
각각각	거느릴장	한일	큰대	보리보	보살살		써이	할위	모실시

자	지	사	바	세	계		각	도
者	至	娑	婆	世	界		各	到
놈자	이를지	춤출사	할미 파(바)	세상세	지경계		각각각	이를도

보	수	하		일	일	보	수	고
寶	樹	下		一	一	寶	樹	高
보배보	나무수	아래하		한일	한일	보배보	나무수	높을고

오	백	유	순		지	엽	화	과
五	百	由	旬		枝	葉	華	果
다섯오	일백백	유순유	유순순		가지지	잎엽	꽃화	실과과

모두 다른 세계로 옮겨졌다. 당시 석가모니의 여러 분신부처님들께서는
각각 대보살 한 명씩만 시자로 거느리신 채, 사바세계에 이르러
저마다 보배나무 아래에 앉으셨다. 하나하나의 보배나무 높이는 오백 유순이거늘,
가지와 이파리가 알맞게 돋자 꽃도 피고 열매도 맺으며

차	제	장	엄		제	보	수	하
次	第	莊	嚴		諸	寶	樹	下
버금 차	차례 제	꾸밀 장	엄할 엄		모든 제	보배 보	나무 수	아래 하

개	유	사	자	지	좌		고	오	유
皆	有	師	子	之	座		高	五	由
다 개	있을 유	스승 사	아들 자	어조사 지	자리 좌		높을 고	다섯 오	유순 유

순		역	이	대	보		이	교	식
旬		亦	以	大	寶		而	校	飾
유순 순		또 역	써 이	큰 대	보배 보		말이을 이	장식할 교	꾸밀 식

지		이	시	제	불		각	어	차
之		爾	時	諸	佛		各	於	此
어조사 지		그 이	때 시	모든 제	부처 불		각각 각	어조사 어	이 차

좌		결	가	부	좌		여	시	전
座		結	跏	趺	坐		如	是	展
자리 좌		맺을 결	책상다리 가	책상다리 부	앉을 좌		같을 여	이 시	펼 전

차례로 아름드리 장엄되었다. 그리고 모든 보배나무 아래에는
전부 사자좌가 마련되었으니, 높이는 오 유순이고
역시 큰 보배들로써 화려하게 꾸며졌다. 그때 여러 분신부처님들께서
저마다 자리에 가부좌를 맺고 앉으시되, 이렇게 계속 앉다보니

전		변	만	삼	천	대	천	세	계
轉		遍	滿	三	千	大	千	世	界
구를 전		두루 편(변)	찰 만	석 삼	일천 천	큰 대	일천 천	세상 세	지경 계

이	어	석	가	모	니	불		일	방
而	於	釋	迦	牟	尼	佛		一	方
말 이을 이	어조사 어	풀 석	막을 가	소우는소리 모	여승 니	부처 불		한 일	방위 방

소	분	지	신		유	고	미	진
所	分	之	身		猶	故	未	盡
바 소	나눌 분	어조사 지	몸 신		오히려 유	아직 고	아닐 미	다할 진

시	석	가	모	니	불		욕	용	수
時	釋	迦	牟	尼	佛		欲	容	受
때 시	풀 석	막을 가	소우는소리 모	여승 니	부처 불		하고자할 욕	용납할 용	받을 수

소	분	신	제	불	고		팔	방
所	分	身	諸	佛	故		八	方
바 소	나눌 분	몸 신	모든 제	부처 불	연고 고		여덟 팔	방위 방

삼천대천의 온 세계가 꽉 차게 되었다.
그렇지만 아직 석가모니 부처님의
한 쪽 방위에 계셨던 분신부처님들도 다 앉지 못하신 상태였다.
당시 석가모니 부처님께서는 모든 분신부처님들을 영접하기 위해서, 팔방으로

각	갱	변		이	백	만	억		나
各	更	變		二	百	萬	億		那
각각 각	다시 갱	변할 변		두 이	일백 백	일만 만	억 억		어찌 나

유	타	국		개	령	청	정		무
由	他	國		皆	令	清	淨		無
말미암을 유	다를 타	나라 국		다 개	하여금 령	맑을 청	깨끗할 정		없을 무

유	지	옥		아	귀	축	생		급
有	地	獄		餓	鬼	畜	生		及
있을 유	땅 지	옥 옥		주릴 아	귀신 귀	기를 축	날 생		및 급

아	수	라		우	이	제	천	인	
阿	修	羅		又	移	諸	天	人	
언덕 아	닦을 수	새그물 라		또 우	옮길 이	모든 제	하늘 천	사람 인	

치	어	타	토		소	화	지	국	
置	於	他	土		所	化	之	國	
둘 치	어조사 어	다를 타	흙 토		바 소	화할 화	어조사 지	나라 국	

> 다시 각각 이백만억 나유타 세계를 변화시켜 전부 청정하게 하셨다.
> 그래서 지옥·아귀·축생·아수라가 아예 없어졌고,
> 또 거기에 있던 모든 하늘천신과 사람들은 다른 세계로 옮겨졌다.
> 변해진 세계도

역	이	유	리	위	지		보	수	장
亦	以	琉	璃	爲	地		寶	樹	莊
또 역	써 이	유리 유	유리 리	할 위	땅 지		보배 보	나무 수	꾸밀 장

엄		수	고		오	백	유	순
嚴		樹	高		五	百	由	旬
엄할 엄		나무 수	높을 고		다섯 오	일백 백	유순 유	유순 순

지	엽	화	과		차	제	엄	식
枝	葉	華	果		次	第	嚴	飾
가지 지	잎 엽	꽃 화	실과 과		버금 차	차례 제	엄할 엄	꾸밀 식

수	하		개	유	보	사	자	좌
樹	下		皆	有	寶	師	子	座
나무 수	아래 하		다 개	있을 유	보배 보	스승 사	아들 자	자리 좌

고	오	유	순		종	종	제	보
高	五	由	旬		種	種	諸	寶
높을 고	다섯 오	유순 유	유순 순		종류 종	종류 종	모든 제	보배 보

역시 청보석의 유리로 땅이 되고 많은 보배나무로 장엄되었다.
그 나무들의 높이는 오백 유순이거늘, 가지와 이파리가 알맞게 돋자
꽃도 피고 열매도 맺으며 차례로 아름드리 장엄되었다. 그리고 나무 아래에는
전부 보배로 된 사자좌가 마련되었으니, 높이는 오 유순이고 여러 가지 많은 보배들로써

이	위	장	교		역	무	대	해	강
以	爲	莊	校		亦	無	大	海	江
써 이	할 위	꾸밀 장	장식할 교		또 역	없을 무	큰 대	바다 해	강 강

하		급	목	진	린	타	산		마
河		及	目	眞	鄰	陀	山		摩
물 하		및 급	눈 목	참 진	이웃 린	비탈질 타	뫼 산		갈 마

하	목	진	린	타	산		철	위	산
訶	目	眞	鄰	陀	山		鐵	圍	山
꾸짖을 가(하)	눈 목	참 진	이웃 린	비탈질 타	뫼 산		쇠 철	두를 위	뫼 산

대	철	위	산		수	미	산	등	
大	鐵	圍	山		須	彌	山	等	
큰 대	쇠 철	두를 위	뫼 산		모름지기 수	두루찰 미	뫼 산	무리 등	

제	산	왕		통	위	일	불	국	토
諸	山	王		通	爲	一	佛	國	土
모든 제	뫼 산	임금 왕		통할 통	할 위	한 일	부처 불	나라 국	흙 토

화려하게 꾸며졌다. 또한 큰 바다·강·시내와
목진린타산·마하목진린타산·철위산·
대철위산·수미산 등 큰 산이 없이
전부 하나의 부처님 세계로 통일되었다.

보	지	평	정		보	교	로	만
寶	地	平	正		寶	交	露	幔
보배 보	땅 지	평평할 평	바를 정		보배 보	사귈 교	드러날 로	장막 만
변	부	기	상		현	제	번	개
遍	覆	其	上		懸	諸	幡	蓋
두루 편(변)	덮을 부	그 기	위 상		매달 현	모든 제	기 번	덮개 개
소	대	보	향		제	천	보	화
燒	大	寶	香		諸	天	寶	華
사를 소	큰 대	보배 보	향기 향		모든 제	하늘 천	보배 보	꽃 화
변	포	기	지		석	가	모	니	불
遍	布	其	地		釋	迦	牟	尼	佛
두루 편(변)	베풀 포	그 기	땅 지		풀 석	막을 가	소우는소리 모	여승 니	부처 불

위	제	불	당	래	좌	고		부	어
爲	諸	佛	當	來	坐	故		復	於
위할 위	모든 제	부처 불	마땅히 당	올 래	앉을 좌	연고 고		다시 부	어조사 어

> 보배로 된 땅은 고르고 평탄하건만, 그 위에 알록달록 보배 섞인 장막을
> 눈부시게 펼쳐서 많은 번기와 일산을 달았다. 큰 보배향을 사르매 향내가 진동하였고,
> 하늘의 여러 아름다운 보배꽃들이 땅 위에 색색으로 뿌려졌다.
> 석가모니 부처님께서는 모든 분신부처님들께서 오시어 앉으시도록 하기 위해,

팔	방		각	갱	변		이	백	만
八	方		各	更	變		二	百	萬
여덟 팔	방위 방		각각 각	다시 갱	변할 변		두 이	일백 백	일만 만

억		나	유	타	국		개	령	청
億		那	由	他	國		皆	令	淸
억 억		어찌 나	말미암을 유	다를 타	나라 국		다 개	하여금 령	맑을 청

정		무	유	지	옥		아	귀	축
淨		無	有	地	獄		餓	鬼	畜
깨끗할 정		없을 무	있을 유	땅 지	옥 옥		주릴 아	귀신 귀	기를 축

생		급	아	수	라		우	이	제
生		及	阿	修	羅		又	移	諸
날 생		및 급	언덕 아	닦을 수	새그물 라		또 우	옮길 이	모든 제

천	인		치	어	타	토		소	화
天	人		置	於	他	土		所	化
하늘 천	사람 인		둘 치	어조사 어	다를 타	흙 토		바 소	화할 화

또 다시 팔방으로 각각 이백만억 나유타 세계를 변화시켜서
전부 청정하게 하셨다. 그래서 지옥·아귀·축생·아수라가 아예 없어졌고,
또 거기에 있던 모든 하늘천신과 사람들은 다른 세계로 옮겨졌다.
새로 변해진 세계도

제11 견보탑품

지	국		역	이	유	리	위	지	
之	國		亦	以	琉	璃	爲	地	
어조사 지	나라 국		또 역	써 이	유리 유	유리 리	할 위	땅 지	

보	수	장	엄		수	고		오	백
寶	樹	莊	嚴		樹	高		五	百
보배 보	나무 수	꾸밀 장	엄할 엄		나무 수	높을 고		다섯 오	일백 백

유	순		지	엽	화	과		차	제
由	旬		枝	葉	華	果		次	第
유순 유	유순 순		가지 지	잎 엽	꽃 화	실과 과		버금 차	차례 제

장	엄		수	하		개	유	보	사
莊	嚴		樹	下		皆	有	寶	師
꾸밀 장	엄할 엄		나무 수	아래 하		다 개	있을 유	보배 보	스승 사

자	좌		고	오	유	순		역	이
子	座		高	五	由	旬		亦	以
아들 자	자리 좌		높을 고	다섯 오	유순 유	유순 순		또 역	써 이

역시 청보석의 유리로 땅이 되고 많은 보배나무로 장엄되었다.
그 나무들의 높이는 오백 유순이거늘, 가지와 이파리가 알맞게 돋자
꽃도 피고 열매도 맺으며 차례로 아름드리 장엄되었다. 그리고
나무 아래에는 전부 보배로 된 사자좌가 마련되었으니, 높이는 오 유순이고

대	보		이	교	식	지		역	무
大	寶		而	校	飾	之		亦	無
큰 대	보배 보		말 이을 이	장식할 교	꾸밀 식	어조사 지		또 역	없을 무

대	해	강	하		급	목	진	린	타
大	海	江	河		及	目	眞	鄰	陀
큰 대	바다 해	강 강	물 하		및 급	눈 목	참 진	이웃 린	비탈질 타

산		마	하	목	진	린	타	산
山		摩	訶	目	眞	鄰	陀	山
뫼 산		갈 마	꾸짖을 가(하)	눈 목	참 진	이웃 린	비탈질 타	뫼 산

철	위	산		대	철	위	산		수
鐵	圍	山		大	鐵	圍	山		須
쇠 철	두를 위	뫼 산		큰 대	쇠 철	두를 위	뫼 산		모름지기 수

미	산	등		제	산	왕		통	위
彌	山	等		諸	山	王		通	爲
두루찰 미	뫼 산	무리 등		모든 제	뫼 산	임금 왕		통할 통	할 위

역시 큰 보배들로써 화려하게 꾸며졌다.
또한 큰 바다·강·시내와 목진린타산·마하목진린타산·
철위산·대철위산·수미산 등 큰 산이 없이 전부

일	불	국	토		보	지	평	정	
一	佛	國	土		寶	地	平	正	
한 일	부처 불	나라 국	흙 토		보배 보	땅 지	평평할 평	바를 정	

보	교	로	만		변	부	기	상	
寶	交	露	幔		遍	覆	其	上	
보배 보	사귈 교	드러날 로	장막 만		두루 편(변)	덮을 부	그 기	위 상	

현	제	번	개		소	대	보	향	
懸	諸	幡	蓋		燒	大	寶	香	
매달 현	모든 제	기 번	덮개 개		사를 소	큰 대	보배 보	향기 향	

제	천	보	화		변	포	기	지	
諸	天	寶	華		遍	布	其	地	
모든 제	하늘 천	보배 보	꽃 화		두루 편(변)	베풀 포	그 기	땅 지	

이	시	동	방		석	가	모	니	불
爾	時	東	方		釋	迦	牟	尼	佛
그 이	때 시	동녘 동	방위 방		풀 석	막을 가	소 우는 소리 모	여승 니	부처 불

하나의 부처님 세계로 통일되었다. 보배로 된 땅은 고르고 평탄하건만,
그 위에 알록달록 보배 섞인 장막을 눈부시게 펼쳐서 많은 번기와 일산을 달았다.
큰 보배향을 사르매 향내가 진동하였고, 하늘의 여러 아름다운 보배꽃들이
땅 위에 색색으로 뿌려졌다. 그때 동방으로

소	분	지	신		백	천	만	억
所	分	之	身		百	千	萬	億
바 소	나눌 분	어조사 지	몸 신		일백 백	일천 천	일만 만	억 억

나	유	타		항	하	사	등	국
那	由	他		恒	河	沙	等	國
어찌 나	말미암을 유	다를 타		항상 항	물 하	모래 사	같을 등	나라 국

토	중	제	불		각	각	설	법
土	中	諸	佛		各	各	說	法
흙 토	가운데 중	모든 제	부처 불		각각 각	각각 각	말씀 설	법 법

내	집	어	차		여	시	차	제
來	集	於	此		如	是	次	第
올 내	모일 집	어조사 어	이 차		같을 여	이 시	버금 차	차례 제

시	방	제	불		개	실	래	집
十	方	諸	佛		皆	悉	來	集
열 십(시)	방위 방	모든 제	부처 불		다 개	다 실	올 래	모일 집

백천만억 나유타 항하의 모래알처럼 수많은 세계 가운데 계셨던
석가모니 분신부처님들께서 각각 설법을 하시다 말고
이곳 사바세계로 모이셨다. 이렇게 해서 차례로
시방의 모든 분신부처님들께서 다 모이시어

좌	어	팔	방		이	시	일	일	방
坐	於	八	方		爾	時	一	一	方
앉을 좌	어조사 어	여덟 팔	방위 방		그 이	때 시	한 일	한 일	방위 방
사	백	만	억		나	유	타	국	토
四	百	萬	億		那	由	他	國	土
넉 사	일백 백	일만 만	억 억		어찌 나	말미암을 유	다를 타	나라 국	흙 토
제	불	여	래		변	만	기	중	
諸	佛	如	來		遍	滿	其	中	
모든 제	부처 불	같을 여	올 래		두루 편(변)	찰 만	그 기	가운데 중	
시	시	제	불		각	재	보	수	하
是	時	諸	佛		各	在	寶	樹	下
이 시	때 시	모든 제	부처 불		각각 각	있을 재	보배 보	나무 수	아래 하
좌	사	자	좌		개	견	시	자	
坐	師	子	座		皆	遣	侍	者	
앉을 좌	스승 사	아들 자	자리 좌		다 개	보낼 견	모실 시	놈 자	

팔방에 앉으시니, 팔방의 낱낱 방위마다 각각 사백만억 나유타의
넓고 넓은 세계가 여러 분신부처님들로 가득 충만하게 되었다.
이때 모든 분신부처님들께서 각각 보배나무 아래에 있는
사자좌에 앉으신 채, 모두 시자를 보내시어

문	신	석	가	모	니	불		각	재
問	訊	釋	迦	牟	尼	佛		各	齋
물을 문	물을 신	풀 석	막을 가	소우는소리 모	여승 니	부처 불		각각 각	가질 재

보	화	만	국		이	고	지	언
寶	華	滿	掬		而	告	之	言
보배 보	꽃 화	찰 만	움켜쥘 국		말이을 이	알릴 고	어조사 지	말씀 언

선	남	자		여	왕	예		기	사
善	男	子		汝	往	詣		耆	闍
착할 선	사내 남	아들 자		너 여	갈 왕	이를 예		늙은이 기	화장할 사

굴	산		석	가	모	니	불	소
崛	山		釋	迦	牟	尼	佛	所
우뚝솟을 굴	뫼 산		풀 석	막을 가	소우는소리 모	여승 니	부처 불	곳 소

여	아	사	왈		소	병	소	뇌
如	我	辭	曰		少	病	少	惱
같을 여	나 아	말 사	가로 왈		적을 소	병들 병	적을 소	괴로워할 뇌

석가모니 부처님께 문안드렸다. 즉 모든 분신부처님들께서는
제각기 시자에게 보배꽃을 한아름씩 안고 가도록 지시하며 말씀하시되,
"선남자여! 그대는 기사굴산의 석가모니 부처님 처소로 찾아가서 다음과 같이
내 말대로 안부를 여쭈어라. '아프신 데 없고 걱정도 없으시며,

기	력	안	락		급	보	살	성	문
氣	力	安	樂		及	菩	薩	聲	聞
기운 기	힘 력	편안할 안	즐길 락		및 급	보리 보	보살 살	소리 성	들을 문

중		실	안	은	부		이	차	보
衆		悉	安	隱	不		以	此	寶
무리 중		다 실	편안할 안	편안할 은	아닐 부		써 이	이 차	보배 보

화		산	불	공	양		이	작	시
華		散	佛	供	養		而	作	是
꽃 화		흩을 산	부처 불	이바지할 공	기를 양		말이을 이	지을 작	이 시

언		피	모	갑	불		여	욕	개
言		彼	某	甲	佛		與	欲	開
말씀 언		저 피	아무 모	아무 갑	부처 불		더불어 여	하고자할 욕	열 개

차	보	탑			제	불	견	사	역
此	寶	塔			諸	佛	遣	使	亦
이 차	보배 보	탑 탑			모든 제	부처 불	보낼 견	부릴 사	또 역

기력도 괜찮으십니까? 그리고 보살과 성문들도 다 편안하겠지요?'
그러면서 이 보배꽃을 가지고 부처님께 뿌려 공양하고는,
'저 아무개 부처님도 이 보배탑을 세존께서 열어주시기를 바라고 계십니다.' 라고 말씀드려라."
모든 분신부처님들께서 저마다

부	여	시		이	시		석	가	모
復	如	是		爾	時		釋	迦	牟
다시부	같을여	이시		그이	때시		풀석	막을가	소우는소리모

니	불		견	소	분	신	불		실
尼	佛		見	所	分	身	佛		悉
여승니	부처불		볼견	바소	나눌분	몸신	부처불		다실

이	래	집		각	각	좌	어	사	자
已	來	集		各	各	坐	於	師	子
이미이	올래	모일집		각각각	각각각	앉을좌	어조사어	스승사	아들자

지	좌		개	문	제	불		여	욕
之	座		皆	聞	諸	佛		與	欲
어조사지	자리좌		다개	들을문	모든제	부처불		더불어여	하고자할욕

동	개	보	탑		즉	종	좌	기
同	開	寶	塔		卽	從	座	起
한가지동	열개	보배보	탑탑		곧즉	좇을종	자리좌	일어날기

이와 똑같이 시자를 보내셨다. 그러자 석가모니 부처님께서는
분신부처님들이 전부 모여서 각각 사자좌에 앉으신 것을 확인하시고,
또 모든 분신부처님들께서 똑같이 보배탑 여는 데 동의하신다는
말씀을 전해 듣고는 곧 자리에서 일어나

주	허	공	중		일	체	사	중	
住	虛	空	中		一	切	四	衆	
머물 주	빌 허	빌 공	가운데 중		한 일	모두 체	넉 사	무리 중	

기	립	합	장		일	심	관	불	
起	立	合	掌		一	心	觀	佛	
일어날 기	설 립	합할 합	손바닥 장		한 일	마음 심	볼 관	부처 불	

어	시		석	가	모	니	불		이
於	是		釋	迦	牟	尼	佛		以
어조사 어	이 시		풀 석	막을 가	소우는소리 모	여승 니	부처 불		써 이

우	지		개	칠	보	탑	호		출
右	指		開	七	寶	塔	戶		出
오른쪽 우	손가락 지		열 개	일곱 칠	보배 보	탑 탑	문 호		날 출

대	음	성		여	각	관	약		개
大	音	聲		如	却	關	鑰		開
큰 대	소리 음	소리 성		같을 여	물리칠 각	빗장 관	자물쇠 약		열 개

> 허공 한가운데 올라가 멈추셨다. 이에 일체 사부대중도 덩달아 일어서서 합장하고
> 일심으로 숨죽인 채 부처님을 우러러보았다. 이윽고 석가모니 부처님께서
> 오른 손가락으로 칠보탑의 문을 여시니 아주 크고 웅장한 소리가 났다.
> 그것은 마치 잠겨 있던 빗장을 뽑고 자물쇠를 풀어서

대	성	문		즉	시		일	체	중
大	城	門		卽	時		一	切	衆
큰 대	성 성	문 문		곧 즉	때 시		한 일	모두 체	무리 중

회		개	견	다	보	여	래		어
會		皆	見	多	寶	如	來		於
모임 회		다 개	볼 견	많을 다	보배 보	같을 여	올 래		어조사 어

보	탑	중		좌	사	자	좌		전
寶	塔	中		坐	師	子	座		全
보배 보	탑 탑	가운데 중		앉을 좌	스승 사	아들 자	자리 좌		온전할 전

신	불	산		여	입	선	정		우
身	不	散		如	入	禪	定		又
몸 신	아닐 불	흩을 산		같을 여	들 입	고요할 선	선정 정		또 우

문	기	언		선	재	선	재		석
聞	其	言		善	哉	善	哉		釋
들을 문	그 기	말씀 언		착할 선	어조사 재	착할 선	어조사 재		풀 석

커다란 성곽의 문을 열어제치는 소리와도 흡사했다. 그러자 즉시 거기에 모였던 일체 대중들은
다보여래께서 보배탑 속의 사자좌에 앉아 계신 것을 이내 알아보았다.
다보 부처님의 몸은 하나도 손상되지 않고 완전한 상태로 선정에 드신 양 고요히 앉아 계셨다.
그 다보여래의 음성이 다시 들려왔으니, "거룩하시고 거룩하십니다.

가	모	니	불		쾌	설	시	법	화
迦	牟	尼	佛		快	說	是	法	華
막을 가	소우는소리 모	여승 니	부처 불		쾌할 쾌	말씀 설	이 시	법 법	꽃 화

경		아	위	청	시	경	고		이
經		我	爲	聽	是	經	故		而
경 경		나 아	위할 위	들을 청	이 시	경 경	연고 고		말이을 이

래	지	차		이	시	사	중	등
來	至	此		爾	時	四	衆	等
올 래	이를 지	이 차		그 이	때 시	넉 사	무리 중	무리 등

견	과	거	무	량		천	만	억	겁
見	過	去	無	量		千	萬	億	劫
볼 견	지날 과	갈 거	없을 무	헤아릴 량		일천 천	일만 만	억 억	겁 겁

멸	도	불		설	여	시	언		탄
滅	度	佛		說	如	是	言		歎
멸할 멸	건널 도	부처 불		말씀 설	같을 여	이 시	말씀 언		찬탄할 탄

석가모니 부처님이시여! 아주 훌륭하게 이 법화경을 잘 연설하시고 계십니다.
저는 이 경전을 듣기 위하여 이곳에 왔습니다."
그때 사부대중은 과거 한량없는 천만억 겁 이전에 열반하셨던 부처님께서
이와 같이 말씀하시는 것을 실제로 보게 되자

미	증	유		이	천	보	화	취
未	曾	有		以	天	寶	華	聚
아닐 미	일찍 증	있을 유		써 이	하늘 천	보배 보	꽃 화	모을 취

산	다	보	불	급	석	가	모	니
散	多	寶	佛	及	釋	迦	牟	尼
흩을 산	많을 다	보배 보	부처 불	및 급	풀 석	막을 가	소우는소리 모	여승 니

불	상		이	시	다	보	불	어
佛	上		爾	時	多	寶	佛	於
부처 불	위 상		그 이	때 시	많을 다	보배 보	부처 불	어조사 어

보	탑	중		분	반	좌	여	석
寶	塔	中		分	半	座	與	釋
보배 보	탑 탑	가운데 중		나눌 분	반 반	자리 좌	줄 여	풀 석

가	모	니	불	이	작	시	언	
迦	牟	尼	佛	而	作	是	言	
막을 가	소우는소리 모	여승 니	부처 불	말이을 이	지을 작	이 시	말씀 언	

일찍이 없던 희유한 일이라 찬탄하였다. 그래서 하늘의 보배 꽃송이들을 가지고,
다보 부처님과 석가모니 부처님 머리 위에 극진히 뿌리며 공양하였다.
그때 다보 부처님께서 보배탑 속의 자리를 절반으로 나누어
석가모니 부처님께 양보하시며 이렇게 말씀하셨다.

석	가	모	니	불		가	취	차	좌
釋	迦	牟	尼	佛		可	就	此	座
풀 석	막을 가	소우는소리 모	여승 니	부처 불		가히 가	나아갈 취	이 차	자리 좌

즉	시		석	가	모	니	불		입
卽	時		釋	迦	牟	尼	佛		入
곧 즉	때 시		풀 석	막을 가	소우는소리 모	여승 니	부처 불		들 입

기	탑	중		좌	기	반	좌		결
其	塔	中		坐	其	半	座		結
그 기	탑 탑	가운데 중		앉을 좌	그 기	반 반	자리 좌		맺을 결

가	부	좌		이	시	대	중		견
跏	趺	坐		爾	時	大	衆		見
책상다리 가	책상다리 부	앉을 좌		그 이	때 시	큰 대	무리 중		볼 견

이	여	래		재	칠	보	탑	중
二	如	來		在	七	寶	塔	中
두 이	같을 여	올 래		있을 재	일곱 칠	보배 보	탑 탑	가운데 중

"석가모니 부처님, 어서 이 자리에 앉으십시오!"
석가모니 부처님께서 즉시 그 탑 안에 들어가
절반의 자리에 가부좌를 맺고 앉으셨다.
그때 대중들은 두 여래께서 칠보탑 속의

사	자	좌	상		결	가	부	좌
師	子	座	上		結	跏	趺	坐
스승사	아들자	자리좌	위상		맺을결	책상다리가	책상다리부	앉을좌

각	작	시	념		불	좌	고	원
各	作	是	念		佛	座	高	遠
각각각	지을작	이시	생각념		부처불	자리좌	높을고	멀원

유	원	여	래		이	신	통	력
唯	願	如	來		以	神	通	力
오직유	원할원	같을여	올래		써이	신통할신	통할통	힘력

영	아	등	배		구	처	허	공
令	我	等	輩		俱	處	虛	空
하여금영	나아	무리등	무리배		함께구	곳처	빌허	빌공

즉	시		석	가	모	니	불	이
卽	時		釋	迦	牟	尼	佛	以
곧즉	때시		풀석	막을가	소우는소리모	여승니	부처불	써이

사자좌 위에 같이 가부좌를 맺고 앉으신 것을 보고는 저마다 이렇게 생각하였다.
'부처님 자리는 너무 높고 멀기만 하니, 부디 거룩하신 여래시여!
신통력으로써 저희들도 부처님 계신 허공에 함께 오르도록 해주십시오!'
그러자 석가모니 부처님께서

신	통	력		접	제	대	중		개
神	通	力		接	諸	大	衆		皆
신통할 신	통할 통	힘 력		접할 접	모든 제	큰 대	무리 중		다 개

재	허	공		이	대	음	성		보
在	虛	空		以	大	音	聲		普
있을 재	빌 허	빌 공		써 이	큰 대	소리 음	소리 성		널리 보

고	사	중		수	능	어	차		사
告	四	衆		誰	能	於	此		娑
알릴 고	넉 사	무리 중		누구 수	능할 능	어조사 어	이 차		춤출 사

바	국	토		광	설	묘	법	화	경
婆	國	土		廣	說	妙	法	華	經
할미 파(바)	나라 국	흙 토		넓을 광	말씀 설	묘할 묘	법 법	꽃 화	경 경

금	정	시	시		여	래	불	구
今	正	是	時		如	來	不	久
이제 금	바를 정	이 시	때 시		같을 여	올 래	아닐 불	오랠 구

바로 신통력으로써 모든 대중들을 이끌어 허공에 올라오게 하시고,
큰 음성으로써 널리 사부대중에게 이르시었다.
"누가 능히 이 사바세계에서 묘법연화경을 널리 설할 수 있겠느냐?
지금이 바로 이 경전을 설할 때이니, 여래는 머지않아

당	입	열	반		불	욕	이	차
當	入	涅	槃		佛	欲	以	此
마땅히 당	들 입	개흙 열	쟁반 반		부처 불	하고자할 욕	써 이	이 차

묘	법	화	경		부	촉	유	재
妙	法	華	經		付	囑	有	在
묘할 묘	법 법	꽃 화	경 경		부탁할 부	부탁할 촉	있을 유	있을 재

이	시	세	존		욕	중	선	차	의
爾	時	世	尊		欲	重	宣	此	義
그 이	때 시	세상 세	높을 존		하고자할 욕	거듭할 중	베풀 선	이 차	의미 의

이	설	게	언		성	주	세	존
而	說	偈	言		聖	主	世	尊
말이을 이	말씀 설	게송 게	말씀 언		성인 성	주인 주	세상 세	높을 존

수	구	멸	도		재	보	탑	중
雖	久	滅	度		在	寶	塔	中
비록 수	오랠 구	멸할 멸	건널 도		있을 재	보배 보	탑 탑	가운데 중

열반에 들 것이니라. 그래서 부처님은 이 묘법연화경을 부촉할 데가 있었으면 좋겠노라."
그때 세존께서 거듭 의미를 표현하시고자 게송으로 말씀하셨다.
    성인 중의 으뜸이신 다보세존께서도 비록 열반하신 지
    그렇게 오래 되셨으나 오히려 보배탑 속에 계시며

상	위	법	래		제	인	운	하
尚	爲	法	來		諸	人	云	何
오히려 상	위할 위	법 법	올 래		모든 제	사람 인	이를 운	어찌 하

불	근	위	법		차	불	멸	도
不	勤	爲	法		此	佛	滅	度
아닐 불	부지런할 근	위할 위	법 법		이 차	부처 불	멸할 멸	건널 도

무	앙	수	겁		처	처	청	법
無	央	數	劫		處	處	聽	法
없을 무	끝날 앙	셀 수	겁 겁		곳 처	곳 처	들을 청	법 법

이	난	우	고		피	불	본	원
以	難	遇	故		彼	佛	本	願
써 이	어려울 난	만날 우	연고 고		저 피	부처 불	근본 본	원할 원

아	멸	도	후		재	재	소	왕
我	滅	度	後		在	在	所	往
나 아	멸할 멸	건널 도	뒤 후		있을 재	있을 재	바 소	갈 왕

법을 위해 여기까지 오셨거늘 어찌하여 사람들이 법을 위해 부지런히 정진하지 않을쏜가!
다보 부처님께서 열반하신 지는 참으로 오랜 겁 이전이건만
어디서든 곳곳마다 법을 들으려 하심은 이 가르침을 듣기가 어렵기 때문이니,
그 부처님의 근본 서원이 '내 열반한 뒤에 어느 곳이든 설법하는 데 찾아가서

상	위	청	법		우	아	분	신
常	爲	聽	法		又	我	分	身
항상상	할위	들을청	법법		또우	나아	나눌분	몸신

무	량	제	불		여	항	사	등
無	量	諸	佛		如	恒	沙	等
없을무	헤아릴량	모든제	부처불		같을여	항상항	모래사	무리등

내	욕	청	법		급	견	멸	도
來	欲	聽	法		及	見	滅	度
올내	하고자할욕	들을청	법법		및급	볼견	멸할멸	건널도

다	보	여	래		각	사	묘	토
多	寶	如	來		各	捨	妙	土
많을다	보배보	같을여	올래		각각각	버릴사	묘할묘	흙토

급	제	자	중		천	인	용	신
及	弟	子	衆		天	人	龍	神
및급	아우제	아들자	무리중		하늘천	사람인	용용	귀신신

항상 법화경을 들으라!'였도다.
또 항하의 모래알처럼 한량없는 나의 분신부처님들도
모두 와서 법화경을 듣고 열반하신 다보여래 뵈옵고자,
저마다 훌륭한 세계와 제자들, 하늘천신·사람·용·귀신들의

제	공	양	사		영	법	구	주
諸	供	養	事		令	法	久	住
모든 제	이바지할 공	기를 양	일 사		하여금 영	법 법	오랠 구	머물 주

고	래	지	차		위	좌	제	불
故	來	至	此		爲	坐	諸	佛
연고 고	올 래	이를 지	이 차		위할 위	앉을 좌	모든 제	부처 불

이	신	통	력		이	무	량	중
以	神	通	力		移	無	量	衆
써 이	신통할 신	통할 통	힘 력		옮길 이	없을 무	헤아릴 량	무리 중

영	국	청	정		제	불	각	각
令	國	淸	淨		諸	佛	各	各
하여금 영	나라 국	맑을 청	깨끗할 정		모든 제	부처 불	각각 각	각각 각

예	보	수	하		여	청	정	지
詣	寶	樹	下		如	淸	淨	池
이를 예	보배 보	나무 수	아래 하		같을 여	맑을 청	깨끗할 정	못 지

온갖 공양 마다하고 부처님 가르침을 오래 머무르게 하려고
일부러 여기에 다 모였도다. 모든 부처님들 앉으시도록 신통력으로써
한량없는 대중들을 옮겨 놓아 세계를 맑고 깨끗하게 하매,
이윽고 많은 분신부처님들 각각 보배나무 아래에 이르시거늘 마치 청정한 못을

연	화	장	엄		기	보	수	하	
蓮	華	莊	嚴		其	寶	樹	下	
연꽃 연	꽃 화	꾸밀 장	엄할 엄		그 기	보배 보	나무 수	아래 하	

제	사	자	좌		불	좌	기	상	
諸	師	子	座		佛	坐	其	上	
모든 제	스승 사	아들 자	자리 좌		부처 불	앉을 좌	그 기	위 상	

광	명	엄	식		여	야	암	중	
光	明	嚴	飾		如	夜	闇	中	
빛 광	밝을 명	엄할 엄	꾸밀 식		같을 여	밤 야	어두울 암	가운데 중	

연	대	거	화		신	출	묘	향	
燃	大	炬	火		身	出	妙	香	
사를 연	큰 대	횃불 거	불 화		몸 신	날 출	묘할 묘	향기 향	

변	시	방	국		중	생	몽	훈	
遍	十	方	國		衆	生	蒙	薰	
두루 편(변)	열 십(시)	방위 방	나라 국		무리 중	날 생	입을 몽	향내 훈	

> 연꽃으로 수놓아 장엄한 듯하며, 보배나무 밑의 모든 사자좌 위에
> 부처님들 앉으시어 광명 비추시니 마치 깜깜했던 한밤중에
> 커다란 횃불을 밝힌 듯 환하도다. 부처님 몸에서 나는 그윽한 향기가
> 시방세계에 두루 진동하자 중생들은 부처님 향내에 취하여

희	부	자	승		비	여	대	풍
喜	不	自	勝		譬	如	大	風
기쁠 희	아닐 부	스스로 자	이길 승		비유할 비	같을 여	큰 대	바람 풍

취	소	수	지		이	시	방	편
吹	小	樹	枝		以	是	方	便
불 취	작을 소	나무 수	가지 지		써 이	이 시	처방 방	편할 편

영	법	구	주		고	제	대	중
令	法	久	住		告	諸	大	衆
하여금 영	법 법	오랠 구	머물 주		알릴 고	모든 제	큰 대	무리 중

아	멸	도	후		수	능	호	지
我	滅	度	後		誰	能	護	持
나 아	멸할 멸	건널 도	뒤 후		누구 수	능할 능	보호할 호	가질 지

독	설	사	경		금	어	불	전
讀	說	斯	經		今	於	佛	前
읽을 독	말씀 설	이 사	경 경		이제 금	어조사 어	부처 불	앞 전

> 못내 기쁨을 이기지 못하거니, 마치 거대한 폭풍이 쉴 새 없이
> 작은 나뭇가지를 흔들어대듯 하거늘 이러한 방편으로써 가르침을 오래
> 머무르게 하도다. 모든 대중들에게 이르되, 내 열반한 뒤에 누가 능히
> 이 법화경을 받들어 간직하며 읽고 설할 수 있겠는가? 지금 부처님 앞에서

자	설	서	언		기	다	보	불
自	說	誓	言		其	多	寶	佛
스스로 자	말씀 설	맹세할 서	말씀 언		그 기	많을 다	보배 보	부처 불
수	구	멸	도		이	대	서	원
雖	久	滅	度		以	大	誓	願
비록 수	오랠 구	멸할 멸	건널 도		써 이	큰 대	맹세할 서	원할 원
이	사	자	후		다	보	여	래
而	師	子	吼		多	寶	如	來
말 이을 이	스승 사	아들 자	울 후		많을 다	보배 보	같을 여	올 래
급	여	아	신		소	집	화	불
及	與	我	身		所	集	化	佛
및 급	더불어 여	나 아	몸 신		바 소	모일 집	화할 화	부처 불
당	지	차	의		제	불	자	등
當	知	此	意		諸	佛	子	等
마땅히 당	알 지	이 차	뜻 의		모든 제	부처 불	아들 자	무리 등

스스로 맹세하여 말할지니, 이 다보 부처님도 비록 오래 전에
열반하셨으나 큰 서원 세우셨기에 사자후를 하시지 않는가!
다보여래와 나 석가모니불과 여기 모인 모든 화신불들은
마땅히 그 서원의 참된 뜻을 알리니, 모든 불자들이여!

수	능	호	법		당	발	대	원
誰	能	護	法		當	發	大	願
누구 수	능할 능	보호할 호	법 법		마땅히 당	필 발	큰 대	원할 원

영	득	구	주		기	유	능	호
令	得	久	住		其	有	能	護
하여금 영	얻을 득	오랠 구	머물 주		그 기	있을 유	능할 능	보호할 호

차	경	법	자		즉	위	공	양
此	經	法	者		則	爲	供	養
이 차	경 경	법 법	놈 자		곧 즉	할 위	이바지할 공	기를 양

아	급	다	보		차	다	보	불
我	及	多	寶		此	多	寶	佛
나 아	및 급	많을 다	보배 보		이 차	많을 다	보배 보	부처 불

처	어	보	탑		상	유	시	방
處	於	寶	塔		常	遊	十	方
곳 처	어조사 어	보배 보	탑 탑		항상 상	놀 유	열 십(시)	방위 방

누가 능히 가르침을 지키겠느냐?
마땅히 큰 원력 세워서 법을 오래 머무르게 하여라.
만일 어떤 이가 이 경의 가르침을 지킨다면 곧 나와 다보불께 공양 올리는 셈이니,
다보 부처님께선 보배탑 속에 계시며

위	시	경	고		역	부	공	양
爲	是	經	故		亦	復	供	養
위할 위	이 시	경 경	연고 고		또 역	다시 부	이바지할 공	기를 양

제	래	화	불		장	엄	광	식
諸	來	化	佛		莊	嚴	光	飾
모든 제	올 래	화할 화	부처 불		꾸밀 장	엄할 엄	빛 광	꾸밀 식

제	세	계	자		약	설	차	경
諸	世	界	者		若	說	此	經
모든 제	세상 세	지경 계	놈 자		만약 약	말씀 설	이 차	경 경

즉	위	견	아		다	보	여	래
則	爲	見	我		多	寶	如	來
곧 즉	할 위	볼 견	나 아		많을 다	보배 보	같을 여	올 래

급	제	화	불		제	선	남	자
及	諸	化	佛		諸	善	男	子
및 급	모든 제	화할 화	부처 불		모든 제	착할 선	사내 남	아들 자

이 경을 위해 언제나 시방세계 곳곳을 다니시느니라. 또한 이 가르침을 지키게 되면
시방 여러 곳에서 오신 화신 부처님들 장엄하고 화려하게 모든 세계 빛내시는
그 부처님들께도 역시 공양 올리는 격이니, 만일 이 경전을 설한다면
곧 나와 다보여래 그리고 모든 화신불마저 친견한 셈이 되느니라. 모든 선남자들이여,

각	제	사	유		차	위	난	사
各	諦	思	惟		此	爲	難	事
각각 각	살필 체(제)	생각할 사	생각할 유		이 차	할 위	어려울 난	일 사

의	발	대	원		제	여	경	전
宜	發	大	願		諸	餘	經	典
마땅할 의	필 발	큰 대	원할 원		모든 제	남을 여	경 경	법 전

수	여	항	사		수	설	차	등
數	如	恒	沙		雖	說	此	等
셀 수	같을 여	항상 항	모래 사		비록 수	말씀 설	이 차	무리 등

미	족	위	난		약	접	수	미
未	足	爲	難		若	接	須	彌
아닐 미	족할 족	할 위	어려울 난		만약 약	접할 접	모름지기 수	두루찰 미

척	치	타	방		무	수	불	토
擲	置	他	方		無	數	佛	土
던질 척	둘 치	다를 타	방위 방		없을 무	셀 수	부처 불	흙 토

각각 깊이 생각할지니 이는 매우 어려운 일이므로 마땅히 큰 원력을 세워야 하느니라.
비록 항하의 모래알처럼 수많은 다른 나머지 경전들을 전부 다 연설한다 하더라도
그다지 어렵지 않으며, 혹은 수미산을 잡아 빼어
수없이 많은 다른 부처님들 세계에 집어던지는 일 따위도

역	미	위	난		약	이	족	지
亦	未	爲	難		若	以	足	指
또 역	아닐 미	할 위	어려울 난		만약 약	써 이	발 족	손가락 지

동	대	천	계		원	척	타	국
動	大	千	界		遠	擲	他	國
움직일 동	큰 대	일천 천	지경 계		멀 원	던질 척	다를 타	나라 국

역	미	위	난		약	립	유	정
亦	未	爲	難		若	立	有	頂
또 역	아닐 미	할 위	어려울 난		만약 약	설 립	있을 유	정수리 정

위	중	연	설		무	량	여	경
爲	衆	演	說		無	量	餘	經
위할 위	무리 중	펼 연	말씀 설		없을 무	헤아릴 량	남을 여	경 경

역	미	위	난		약	불	멸	후
亦	未	爲	難		若	佛	滅	後
또 역	아닐 미	할 위	어려울 난		만약 약	부처 불	멸할 멸	뒤 후

별로 어렵지 않고, 발가락으로써 대천세계를 움직여
멀리 다른 세계에 집어던지는 일도 역시 어렵지 않으며,
유정천 꼭대기에 서서 중생들을 위하여 나머지 한량없는 경전들을 연설하는 것도
또한 그다지 어렵지 않거니와, 그러나 부처님 열반하신 후

어	악	세	중		능	설	차	경
於	惡	世	中		能	說	此	經
어조사 어	악할 악	세상 세	가운데 중		능할 능	말씀 설	이 차	경 경

시	즉	위	난		가	사	유	인
是	則	爲	難		假	使	有	人
이 시	곧 즉	할 위	어려울 난		거짓 가	가령 사	있을 유	사람 인

수	파	허	공		이	이	유	행
手	把	虛	空		而	以	遊	行
손 수	잡을 파	빌 허	빌 공		말이을 이	써 이	놀 유	갈 행

역	미	위	난		어	아	멸	후
亦	未	爲	難		於	我	滅	後
또 역	아닐 미	할 위	어려울 난		어조사 어	나 아	멸할 멸	뒤 후

약	자	서	지		약	사	인	서
若	自	書	持		若	使	人	書
만약 약	스스로 자	쓸 서	가질 지		만약 약	하여금 사	사람 인	쓸 서

> 오탁악세 험한 세상에 능히 법화경을 연설하는 일이야말로
> 이것이 정말 어려운 일이니라. 가령 어떤 사람이 손으로
> 허공을 잡아서 갖고 노닐며 다닐지라도 별로 어렵지 않거니와,
> 내 열반한 뒤에 법화경을 직접 써서 간직하거나 남을 시켜서 쓰게 하는 일

시	즉	위	난		약	이	대	지
是	則	爲	難		若	以	大	地
이 시	곧 즉	할 위	어려울 난		만약 약	써 이	큰 대	땅 지

치	족	갑	상		승	어	범	천
置	足	甲	上		昇	於	梵	天
둘 치	발 족	손톱 갑	위 상		오를 승	어조사 어	하늘 범	하늘 천

역	미	위	난		불	멸	도	후
亦	未	爲	難		佛	滅	度	後
또 역	아닐 미	할 위	어려울 난		부처 불	멸할 멸	건널 도	뒤 후

어	악	세	중		잠	독	차	경
於	惡	世	中		暫	讀	此	經
어조사 어	악할 악	세상 세	가운데 중		잠시 잠	읽을 독	이 차	경 경

시	즉	위	난		가	사	겁	소
是	則	爲	難		假	使	劫	燒
이 시	곧 즉	할 위	어려울 난		거짓 가	가령 사	겁 겁	사를 소

이것이 어려우니라. 거대한 땅덩어리를 발톱 위에 얹어 놓은 채
하늘나라 범천에까지 오르는 일도 그다지 어렵지 않거니와,
부처님 열반하신 후 오탁악세 험한 세상에서 잠깐만이라도 법화경을 읽는 일
이것이 진정 어려우니라. 가령 겁화가 탈 적에

담	부	건	초		입	중	불	소
擔	負	乾	草		入	中	不	燒
멜담	질부	마를건	풀초		들입	가운데중	아닐불	사를소

역	미	위	난		아	멸	도	후
亦	未	爲	難		我	滅	度	後
또역	아닐미	할위	어려울난		나아	멸할멸	건널도	뒤후

약	지	차	경		위	일	인	설
若	持	此	經		爲	一	人	說
만약약	가질지	이차	경경		위할위	한일	사람인	말씀설

시	즉	위	난		약	지	팔	만
是	則	爲	難		若	持	八	萬
이시	곧즉	할위	어려울난		만약약	가질지	여덟팔	일만만

사	천	법	장		십	이	부	경
四	千	法	藏		十	二	部	經
넉사	일천천	법법	곳간장		열십	두이	나눌부	경경

> 마른 풀을 짊어지고 불 속에 들어가서 타지 않는 일도 크게 어렵지 않거니와,
> 내 열반한 뒤에 이 법화경을 수지하며 한 사람을 위해서만이라도 말해주는 일
> 이것이 정말 어려우니라.
> 팔만 사천의 법장, 곧 십이부경 가지고

위	인	연	설		영	제	청	자
爲	人	演	說		令	諸	聽	者
위할 위	사람 인	펼 연	말씀 설		하여금 영	모든 제	들을 청	놈 자

득	육	신	통		수	능	여	시
得	六	神	通		雖	能	如	是
얻을 득	여섯 육	신통할 신	통할 통		비록 수	능할 능	같을 여	이 시

역	미	위	난		어	아	멸	후
亦	未	爲	難		於	我	滅	後
또 역	아닐 미	할 위	어려울 난		어조사 어	나 아	멸할 멸	뒤 후

청	수	차	경		문	기	의	취
聽	受	此	經		問	其	義	趣
들을 청	받을 수	이 차	경 경		물을 문	그 기	의미 의	뜻 취

시	즉	위	난		약	인	설	법
是	則	爲	難		若	人	說	法
이 시	곧 즉	할 위	어려울 난		만약 약	사람 인	말씀 설	법 법

남을 위해 연설해주어서 듣는 사람 전부 육신통을 얻게 하는 일도
그리 어렵지 않거니와, 내 열반한 뒤에
이 법화경을 듣고 수지하여 그 뜻에 대해 질문하는 일
이것이 참으로 어려우니라. 혹 어떤 사람이 법을 설해서

영	천	만	억		무	량	무	수
令	千	萬	億		無	量	無	數
하여금 영	일천 천	일만 만	억 억		없을 무	헤아릴 량	없을 무	셀 수

항	사	중	생		득	아	라	한
恒	沙	衆	生		得	阿	羅	漢
항상 항	모래 사	무리 중	날 생		얻을 득	언덕 아	새그물 라	한수 한

구	육	신	통		수	유	시	익
具	六	神	通		雖	有	是	益
갖출 구	여섯 육	신통할 신	통할 통		비록 수	있을 유	이 시	더할 익

역	미	위	난		어	아	멸	후
亦	未	爲	難		於	我	滅	後
또 역	아닐 미	할 위	어려울 난		어조사 어	나 아	멸할 멸	뒤 후

약	능	봉	지		여	사	경	전
若	能	奉	持		如	斯	經	典
만약 약	능할 능	받들 봉	가질 지		같을 여	이 사	경 경	법 전

천만억 무량무수 항하 모래알처럼 많은 중생들에게
아라한과는 물론 육신통을 갖추게 하여 그처럼 이롭게 하는 일도
별로 어렵지 않거니와, 내 열반한 뒤에 능히
이러한 대승경전을 받들어 간직하는 일이야말로

시	즉	위	난		아	위	불	도
是	則	爲	難		我	爲	佛	道
이 시	곧 즉	할 위	어려울 난		나 아	위할 위	부처 불	길 도

어	무	량	토		종	시	지	금
於	無	量	土		從	始	至	今
어조사 어	없을 무	헤아릴 량	흙 토		좇을 종	처음 시	이를 지	이제 금

광	설	제	경		이	어	기	중
廣	說	諸	經		而	於	其	中
넓을 광	말씀 설	모든 제	경 경		말 이을 이	어조사 어	그 기	가운데 중

차	경	제	일		약	유	능	지
此	經	第	一		若	有	能	持
이 차	경 경	차례 제	한 일		만약 약	있을 유	능할 능	가질 지

즉	지	불	신		제	선	남	자
則	持	佛	身		諸	善	男	子
곧 즉	가질 지	부처 불	몸 신		모든 제	착할 선	사내 남	아들 자

> 이것이 진짜 어려우니라. 내가 불도를 위해 한량없는 세계에서
> 처음부터 지금까지 널리 여러 경전들 설했으나 그 가운데에서
> 법화경이 제일이니라. 만약 누군가 능히 이 경을 간직한다면
> 곧 부처님 몸을 모시는 경우나 마찬가지이니 모든 선남자들이여!

어	아	멸	후		수	능	수	지
於	我	滅	後		誰	能	受	持
어조사 어	나 아	멸할 멸	뒤 후		누구 수	능할 능	받을 수	가질 지

독	송	차	경		금	어	불	전
讀	誦	此	經		今	於	佛	前
읽을 독	외울 송	이 차	경 경		이제 금	어조사 어	부처 불	앞 전

자	설	서	언		차	경	난	지
自	說	誓	言		此	經	難	持
스스로 자	말씀 설	맹세할 서	말씀 언		이 차	경 경	어려울 난	가질 지

약	잠	지	자		아	즉	환	희
若	暫	持	者		我	則	歡	喜
만약 약	잠시 잠	가질 지	놈 자		나 아	곧 즉	기쁠 환	기쁠 희

제	불	역	연		여	시	지	인
諸	佛	亦	然		如	是	之	人
모든 제	부처 불	또 역	그러할 연		같을 여	이 시	어조사 지	사람 인

내 열반한 뒤 누가 이 경전을 수지하여 독송할 수 있겠느냐?
지금 부처님 앞에서 스스로 맹세하여 말할지니,
이 경은 간직하기 어렵기에 잠깐만이라도 누군가 간직한다면
나는 물론이고 모든 부처님들께서도 기뻐하시리라. 그런 사람은

제	불	소	탄		시	즉	용	맹
諸	佛	所	歎		是	則	勇	猛
모든 제	부처 불	바 소	찬탄할 탄		이 시	곧 즉	날쌜 용	날랠 맹

시	즉	정	진		시	명	지	계
是	則	精	進		是	名	持	戒
이 시	곧 즉	정미할 정	나아갈 진		이 시	이름 명	가질 지	지킬 계

행	두	타	자		즉	위	질	득
行	頭	陀	者		則	爲	疾	得
행할 행	머리 두	비탈질 타	놈 자		곧 즉	할 위	빠를 질	얻을 득

무	상	불	도		능	어	내	세
無	上	佛	道		能	於	來	世
없을 무	위 상	부처 불	길 도		능할 능	어조사 어	올 내	세상 세

독	지	차	경		시	진	불	자
讀	持	此	經		是	眞	佛	子
읽을 독	가질 지	이 차	경 경		이 시	참 진	부처 불	아들 자

> 모든 부처님들께 칭찬 받으리니 이것이 곧 용맹이자 정진이며
> 지계이고 두타를 닦는 행으로 위없이 높은 불도를 빨리 이루리라.
> 능히 앞으로 오는 세상에 이 법화경을 읽고 간직한다면
> 그는 참된 부처님의 아들로

주	순	선	지		불	멸	도	후
住	淳	善	地		佛	滅	度	後
머물 주	순박할 순	착할 선	땅 지		부처 불	멸할 멸	건널 도	뒤 후

능	해	기	의		시	제	천	인
能	解	其	義		是	諸	天	人
능할 능	풀 해	그 기	의미 의		이 시	모든 제	하늘 천	사람 인

세	간	지	안		어	공	외	세
世	間	之	眼		於	恐	畏	世
세상 세	사이 간	어조사 지	눈 안		어조사 어	두려울 공	두려워할 외	세상 세

능	수	유	설		일	체	천	인
能	須	臾	說		一	切	天	人
능할 능	잠깐 수	잠깐 유	말씀 설		한 일	모두 체	하늘 천	사람 인

개	응	공	양
皆	應	供	養
다 개	응당히 응	이바지할 공	기를 양

> 순일한 마음의 경지에 머물 것이며, 부처님 열반한 뒤 능히
> 이 경전의 뜻을 알게 되면 바로 모든 하늘천신과 사람들의
> 세상 안목이 되거늘, 두렵고 험한 오탁악세에서 잠깐만 연설하더라도
> 일체 하늘천신과 사람들이 모두 응당 공양하리라.

제	십	이		제	바	달	다	품
第	十	二		提	婆	達	多	品
차례 제	열 십	두 이		끌 제	할미 파(바)	통달할 달	많을 다	가지 품

이	시		불	고	제	보	살	급
爾	時		佛	告	諸	菩	薩	及
그 이	때 시		부처 불	알릴 고	모든 제	보리 보	보살 살	및 급

천	인	사	중		오	어	과	거
天	人	四	衆		吾	於	過	去
하늘 천	사람 인	넉 사	무리 중		나 오	어조사 어	지날 과	갈 거

무	량	겁	중		구	법	화	경
無	量	劫	中		求	法	華	經
없을 무	헤아릴 량	겁 겁	가운데 중		구할 구	법 법	꽃 화	경 경

무	유	해	권		어	다	겁	중
無	有	懈	惓		於	多	劫	中
없을 무	있을 유	게으를 해	싫증날 권		어조사 어	많을 다	겁 겁	가운데 중

제12 제바달다품
그때 부처님께서는 모든 보살들 그리고 하늘천신과 사람 등 여러 사부대중들에게 이르시었다.
"나는 과거 한량없는 겁 동안 법화경을 구할 적에 단 한 번도
게으름을 피운 적이 없었느니라. 아주 오랜 겁 동안

상	작	국	왕		발	원	구	어
常	作	國	王		發	願	求	於
항상 상	지을 작	나라 국	임금 왕		필 발	원할 원	구할 구	어조사 어

무	상	보	리		심	불	퇴	전
無	上	菩	提		心	不	退	轉
없을 무	위 상	보리 보	끌 제(리)		마음 심	아닐 불	물러날 퇴	구를 전

위	욕	만	족		육	바	라	밀
爲	欲	滿	足		六	波	羅	蜜
위할 위	하고자할 욕	찰 만	족할 족		여섯 육	물결 파(바)	새그물 라	꿀 밀

근	행	보	시		심	무	린	석
勤	行	布	施		心	無	悋	惜
부지런할 근	행할 행	베풀 포(보)	베풀 시		마음 심	없을 무	아낄 린	아낄 석

상	마	칠	진		국	성	처	자
象	馬	七	珍		國	城	妻	子
코끼리 상	말 마	일곱 칠	보배 진		나라 국	성 성	아내 처	아들 자

항상 국왕이 되어서도 위없이 높은 깨달음을 구하려고 발원했으며,
단 한 차례도 마음으로 물러서지 아니하였느니라. 또한 육바라밀을 성취하기 위해
부지런히 보시를 행하되, 마음에 도무지 인색함이 없었느니라.
그래서 코끼리·말 따위의 짐승과 일곱 가지 진귀한 보배와 국가·도시·처자식·

노	비	복	종		두	목	수	뇌
奴	婢	僕	從		頭	目	髓	腦
종 노	여자종 비	종 복	좇을 종		머리 두	눈 목	골수 수	뇌 뇌

신	육	수	족		불	석	구	명
身	肉	手	足		不	惜	軀	命
몸 신	고기 육	손 수	발 족		아닐 불	아낄 석	몸 구	목숨 명

시	세	인	민		수	명	무	량
時	世	人	民		壽	命	無	量
때 시	세상 세	사람 인	백성 민		목숨 수	목숨 명	없을 무	헤아릴 량

위	어	법	고		연	사	국	위
爲	於	法	故		捐	捨	國	位
위할 위	어조사 어	법 법	연고 고		버릴 연	버릴 사	나라 국	자리 위

위	정	태	자		격	고	선	령
委	政	太	子		擊	鼓	宣	令
맡길 위	정사 정	클 태	아들 자		칠 격	북 고	베풀 선	영 령

노비・시종들과 내 자신의 머리・눈・골수・몸・살덩이・손발 심지어
목숨까지도 전혀 아까워하지 않았느니라. 오랜 옛날 당시 세상 사람들의 수명은
한량없이 길었으나, 나는 법을 구하기 위해 국왕 자리를 버리고
정사를 태자에게 맡겼느니라. 그리고는 북을 치고 영을 내려

사	방	구	법		수	능	위	아
四	方	求	法		誰	能	爲	我
넉 사	방위 방	구할 구	법 법		누구 수	능할 능	위할 위	나 아

설	대	승	자		오	당	종	신
說	大	乘	者		吾	當	終	身
말씀 설	큰 대	탈 승	놈 자		나 오	마땅히 당	마칠 종	몸 신

공	급	주	사		시	유	선	인
供	給	走	使		時	有	仙	人
이바지할 공	줄 급	달릴 주	부릴 사		때 시	있을 유	신선 선	사람 인

내	백	왕	언		아	유	대	승
來	白	王	言		我	有	大	乘
올 내	사뢸 백	임금 왕	말씀 언		나 아	있을 유	큰 대	탈 승

명	묘	법	화	경	약	불	위	아
名	妙	法	華	經	若	不	違	我
이름 명	묘할 묘	법 법	꽃 화	경 경	만약 약	아닐 불	어길 위	나 아

사방으로 법을 구하되, '누가 능히 나를 위해 대승을 가르쳐 주시겠습니까?
그런 분이 계시다면 내 마땅히 종신토록 섬기며 시중들겠나이다.'
당시 어느 선인이 왕에게 찾아와 말하기를,
'나에게 묘법연화경이라는 대승경이 있는데, 만약 내 뜻을 어기지 않는다면

당	위	선	설		왕	문	선	언
當	爲	宣	說		王	聞	仙	言
마땅히 당	위할 위	베풀 선	말씀 설		임금 왕	들을 문	신선 선	말씀 언

환	희	용	약		즉	수	선	인
歡	喜	踊	躍		卽	隨	仙	人
기쁠 환	기쁠 희	뛸 용	뛸 약		곧 즉	따를 수	신선 선	사람 인

공	급	소	수		채	과	급	수
供	給	所	須		採	果	汲	水
이바지할 공	줄 급	바 소	필요할 수		딸 채	실과 과	길을 급	물 수

습	신	설	식		내	지	이	신
拾	薪	設	食		乃	至	以	身
주울 습	섶나무 신	베풀 설	먹을 식		이에 내	이를 지	써 이	몸 신

이	위	상	좌		신	심	무	권
而	爲	床	座		身	心	無	惓
말이을 이	할 위	평상 상	자리 좌		몸 신	마음 심	없을 무	싫증날 권

마땅히 왕을 위해 설법해 주겠소.' 왕은 선인의 말을 듣고 크게 기뻐하며
곧장 선인을 따라가 필요로 하는 것들을 공급했느니라. 다시 말해 과일을 따오고
물긷고 나무하며 음식을 장만하는 것은 물론, 심지어 자기 몸으로써 그가 깔고 앉는
평상 노릇을 하기도 했느니라. 그러나 왕은 몸이나 마음으로 조금도 싫증내지 않았으니,

우	시	봉	사		경	어	천	세
于	時	奉	事		經	於	千	歲
어조사 우	때 시	받들 봉	섬길 사		지날 경	어조사 어	일천 천	해 세

위	어	법	고		정	근	급	시
爲	於	法	故		精	勤	給	侍
위할 위	어조사 어	법 법	연고 고		정미할 정	부지런할 근	줄 급	모실 시

영	무	소	핍		이	시	세	존
令	無	所	乏		爾	時	世	尊
하여금 영	없을 무	바 소	모자랄 핍		그 이	때 시	세상 세	높을 존

욕	중	선	차	의	이	설	게	언
欲	重	宣	此	義	而	說	偈	言
하고자할 욕	거듭할 중	베풀 선	이 차	의미 의	말 이을 이	말씀 설	게송 게	말씀 언

아	념	과	거	겁	위	구	대	법
我	念	過	去	劫	爲	求	大	法
나 아	생각할 념	지날 과	갈 거	겁 겁	위할 위	구할 구	큰 대	법 법

이렇게 받들어 섬기기를 천 년 동안이나 모셨느니라. 왕은 법을 위해서
그를 정성껏 부지런히 모셨으며, 조금도 부족함이 없게 극진히 받들었느니라."
그때 세존께서 거듭 의미를 표현하시고자 게송으로 말씀하셨다.
    내 지난 과거 겁의 전생을 생각하건대 큰 법을 구하기 위하여

고		수	작	세	국	왕		불	탐
故		雖	作	世	國	王		不	貪
연고 고		비록 수	지을 작	세상 세	나라 국	임금 왕		아닐 불	탐할 탐

오	욕	락		추	종	고	사	방	
五	欲	樂		搥	鍾	告	四	方	
다섯 오	욕심 욕	즐길 락		칠 추	종 종	알릴 고	넉 사	방위 방	

수	유	대	법	자		약	위	아	해
誰	有	大	法	者		若	爲	我	解
누구 수	있을 유	큰 대	법 법	놈 자		만약 약	위할 위	나 아	풀 해

설		신	당	위	노	복		시	유
說		身	當	爲	奴	僕		時	有
말씀 설		몸 신	마땅히 당	할 위	종 노	종 복		때 시	있을 유

아	사	선		내	백	어	대	왕	
阿	私	仙		來	白	於	大	王	
언덕 아	사사 사	신선 선		올 내	사뢸 백	어조사 어	큰 대	임금 왕	

비록 세상의 국왕이 되었으나 오욕락에 탐착하지 않았고,
종을 쳐서 사방에 이르대 '누가 큰 법을 가지고 있는가?
만약 나를 위해 설명해준다면 이 몸 마땅히 평생 종이 되어 섬기리라.'
당시 아사선인이 왕에게 와서 말하기를,

아	유	미	묘	법		세	간	소	희
我	有	微	妙	法		世	間	所	希
나 아	있을 유	작을 미	묘할 묘	법 법		세상 세	사이 간	바 소	드물 희

유		약	능	수	행	자		오	당
有		若	能	修	行	者		吾	當
있을 유		만약 약	능할 능	닦을 수	행할 행	놈 자		나 오	마땅히 당

위	여	설		시	왕	문	선	언	
爲	汝	說		時	王	聞	仙	言	
위할 위	너 여	말씀 설		때 시	임금 왕	들을 문	신선 선	말씀 언	

심	생	대	희	열		즉	변	수	선
心	生	大	喜	悅		卽	便	隨	仙
마음 심	날 생	큰 대	기쁠 희	기쁠 열		곧 즉	문득 변	따를 수	신선 선

인		공	급	어	소	수		채	신
人		供	給	於	所	須		採	薪
사람 인		이바지할 공	줄 급	어조사 어	바 소	필요할 수		딸 채	섶나무 신

'나에게 미묘한 법 있으니 세간에 희유한 바라.
만약 능히 수행할 수 있다면 내 마땅히 그대 위해 말해주리다.'
이때 왕은 선인의 말을 듣고 마음으로 크게 기뻐하며
곧장 선인을 따라가서 필요로 하는 것들을 시중들었으니,

급	과	라		수	시	공	경	여	
及	果	蓏		隨	時	恭	敬	與	
및 급	실과 과	열매 라		따를 수	때 시	공손할 공	공경할 경	줄 여	

정	존	묘	법	고		신	심	무	해
情	存	妙	法	故		身	心	無	懈
뜻 정	있을 존	묘할 묘	법 법	연고 고		몸 신	마음 심	없을 무	게으를 해

권		보	위	제	중	생		근	구
倦		普	爲	諸	衆	生		勤	求
싫증날 권		널리 보	위할 위	모든 제	무리 중	날 생		부지런할 근	구할 구

어	대	법		역	불	위	기	신	
於	大	法		亦	不	爲	己	身	
어조사 어	큰 대	법 법		또 역	아닐 불	위할 위	자기 기	몸 신	

급	이	오	욕	락		고	위	대	국
及	以	五	欲	樂		故	爲	大	國
및 급	써 이	다섯 오	욕심 욕	즐길 락		연고 고	할 위	큰 대	나라 국

나무하고 과일 따고 열매 주우며 때에 맞게 공경히 받드느라 힘은 들었건만
생각이 미묘한 법에 있었으므로 몸이나 마음으로 전혀 싫증내지 않았노라.
이렇게 널리 모든 중생들 위하여 부지런히 큰 법을 구하였나니,
비단 자기 몸만 편하게 하기 위해서나 오욕락을 위한 것이 아니었도다.

왕		근	구	획	차	법		수	치
王		勤	求	獲	此	法		遂	致
임금 왕		부지런할 근	구할 구	얻을 획	이 차	법 법		드디어 수	이를 치

득	성	불		금	고	위	여	설
得	成	佛		今	故	爲	汝	說
얻을 득	이룰 성	부처 불		이제 금	연고 고	위할 위	너 여	말씀 설

불	고	제	비	구		이	시	왕	자
佛	告	諸	比	丘		爾	時	王	者
부처 불	알릴 고	모든 제	견줄 비	언덕 구		그 이	때 시	임금 왕	놈 자

즉	아	신	시		시	선	인	자
則	我	身	是		時	仙	人	者
곧 즉	나 아	몸 신	이 시		때 시	신선 선	사람 인	놈 자

금	제	바	달	다	시		유	제	바
今	提	婆	達	多	是		由	提	婆
이제 금	끝 제	할미 파(바)	통달할 달	많을 다	이 시		말미암을 유	끝 제	할미 파(바)

그러므로 대국왕이 되어서도 부지런히 이 묘법을 구하여
　　마침내 성불하였거늘 지금 일부러 너희들을 위해 말하는 것이니라.
부처님께서 모든 비구들에게 이르시었다.
"그때의 왕은 나 자신이었으며, 당시의 선인은 지금의 제바달다이니라.

달	다		선	지	식	고		영	아
達	多		善	知	識	故		令	我
통달할 달	많을 다		착할 선	알 지	알 식	연고 고		하여금 영	나 아

구	족		육	바	라	밀		자	비
具	足		六	波	羅	蜜		慈	悲
갖출 구	족할 족		여섯 육	물결 파(바)	새그물 라	꿀 밀		사랑 자	슬플 비

희	사		삼	십	이	상		팔	십
喜	捨		三	十	二	相		八	十
기쁠 희	버릴 사		석 삼	열 십	두 이	모양 상		여덟 팔	열 십

종	호		자	마	금	색		십	력
種	好		紫	磨	金	色		十	力
종류 종	좋을 호		자줏빛 자	갈 마	쇠 금	빛 색		열 십	힘 력

사	무	소	외		사	섭	법		십
四	無	所	畏		四	攝	法		十
넉 사	없을 무	바 소	두려워할 외		넉 사	다스릴 섭	법 법		열 십

제바달다는 훌륭한 선지식이었기 때문에 나로 하여금
육바라밀과 인자한 마음·가엾이 여기는 마음·함께 기뻐하는 마음·
집착을 버린 평등한 마음 등의 사무량심과 삼십이상·팔십종호와
자마금색의 몸과 십력·사무소외·사섭법·

제12 제바달다품

팔	불	공		신	통	도	력		성
八	不	共		神	通	道	力		成
여덟 팔	아닐 불	함께 공		신통할 신	통할 통	길 도	힘 력		이룰 성
등	정	각		광	도	중	생		개
等	正	覺		廣	度	衆	生		皆
같을 등	바를 정	깨달을 각		넓을 광	건널 도	무리 중	날 생		다 개
인	제	바	달	다		선	지	식	고
因	提	婆	達	多		善	知	識	故
인할 인	끌 제	할미 파(바)	통달할 달	많을 다		착할 선	알 지	알 식	연고 고
고	제	사	중		제	바	달	다	
告	諸	四	衆		提	婆	達	多	
알릴 고	모든 제	넉 사	무리 중		끌 제	할미 파(바)	통달할 달	많을 다	
각	후		과	무	량	겁		당	득
却	後		過	無	量	劫		當	得
물러날 각	뒤 후		지날 과	없을 무	헤아릴 량	겁 겁		마땅히 당	얻을 득

십팔불공법, 그 밖의 여러 신통력과 도력 등을 구족하게 하였느니라.
그리하여 마침내 등정각을 이루어 널리 중생들을 제도하게끔 하였으니,
이는 모두 다 제바달다 선지식 덕분이니라.
따라서 모든 사부대중에게 이르노니, 제바달다는 이후 한량없는 겁을 지나서

성	불		호	왈	천	왕	여	래
成	佛		號	曰	天	王	如	來
이룰 성	부처 불		이름 호	가로 왈	하늘 천	임금 왕	같을 여	올 래

응	공		정	변	지		명	행	족
應	供		正	遍	知		明	行	足
응당히 응	이바지할 공		바를 정	두루 편(변)	알 지		밝을 명	행할 행	족할 족

선	서		세	간	해		무	상	사
善	逝		世	間	解		無	上	士
착할 선	갈 서		세상 세	사이 간	풀 해		없을 무	위 상	선비 사

조	어	장	부		천	인	사		불
調	御	丈	夫		天	人	師		佛
고를 조	길들일 어	어른 장	사나이 부		하늘 천	사람 인	스승 사		부처 불

세	존		세	계	명	천	도		시
世	尊		世	界	名	天	道		時
세상 세	높을 존		세상 세	지경 계	이름 명	하늘 천	길 도		때 시

반드시 성불하리라. 부처님 이름은 천왕여래·
응공·정변지·명행족·선서·세간해·
무상사·조어장부·천인사·불세존이니라.
세계의 이름은 천도이며, 당시

제12 제바달다품

천	왕	불		주	세	이	십	중	겁
天	王	佛		住	世	二	十	中	劫
하늘 천	임금 왕	부처 불		머물 주	세상 세	두 이	열 십	가운데 중	겁 겁

광	위	중	생		설	어	묘	법
廣	爲	衆	生		說	於	妙	法
넓을 광	위할 위	무리 중	날 생		말씀 설	어조사 어	묘할 묘	법 법

항	하	사	중	생		득	아	라	한
恒	河	沙	衆	生		得	阿	羅	漢
항상 항	물 하	모래 사	무리 중	날 생		얻을 득	언덕 아	새그물 라	한수 한

과		무	량	중	생		발	연	각
果		無	量	衆	生		發	緣	覺
실과 과		없을 무	헤아릴 량	무리 중	날 생		필 발	인연 연	깨달을 각

심		항	하	사	중	생		발	무
心		恒	河	沙	衆	生		發	無
마음 심		항상 항	물 하	모래 사	무리 중	날 생		필 발	없을 무

천왕불께서 세상에 머무시는 수명은 이십 중겁이 되리라.
널리 중생들을 위하여 묘법을 설하리니, 항하의 모래알처럼 수많은 중생들이
아라한과를 얻고 또 한량없는 중생들이 연각의 마음을 내리라.
또한 항하의 모래알처럼 무수한 중생들이

상	도	심		득	무	생	인		지
上	道	心		得	無	生	忍		至
위 상	길 도	마음 심		얻을 득	없을 무	날 생	참을 인		이를 지

불	퇴	전		시	천	왕	불		반
不	退	轉		時	天	王	佛		般
아닐 불	물러날 퇴	구를 전		때 시	하늘 천	임금 왕	부처 불		돌 반

열	반	후		정	법	주	세		이
涅	槃	後		正	法	住	世		二
개흙 열	쟁반 반	뒤 후		바를 정	법 법	머물 주	세상 세		두 이

십	중	겁		전	신	사	리		기
十	中	劫		全	身	舍	利		起
열 십	가운데 중	겁 겁		온전할 전	몸 신	집 사	이로울 리		일어날 기

칠	보	탑		고	육	십	유	순
七	寶	塔		高	六	十	由	旬
일곱 칠	보배 보	탑 탑		높을 고	여섯 육	열 십	유순 유	유순 순

> 위없이 높은 진리를 이루고자 하는 마음을 내어,
> 무생인을 얻고 물러나지 않는 경지에 이르리라.
> 천왕불께서 열반하신 뒤 정법이 세상에 머무는 기간은 이십 중겁이리라.
> 그리고 부처님의 전신사리로 칠보탑이 세워지되, 높이는 육십 유순이고

제12 제바달다품

종	광	사	십	유	순		제	천	인
縱	廣	四	十	由	旬		諸	天	人
세로 종	가로 광	넉 사	열 십	유순 유	유순 순		모든 제	하늘 천	사람 인

민		실	이	잡	화		말	향	소
民		悉	以	雜	華		抹	香	燒
백성 민		다 실	써 이	섞일 잡	꽃 화		가루 말	향기 향	사를 소

향	도	향		의	복	영	락		당
香	塗	香		衣	服	瓔	珞		幢
향기 향	바를 도	향기 향		옷 의	옷 복	구슬목걸이 영	구슬목걸이 락		기 당

번	보	개		기	악	가	송		예
幡	寶	蓋		伎	樂	歌	頌		禮
기 번	보배 보	덮개 개		재주 기	풍류 악	노래 가	기릴 송		예도 예

배	공	양		칠	보	묘	탑		무
拜	供	養		七	寶	妙	塔		無
절 배	이바지할 공	기를 양		일곱 칠	보배 보	묘할 묘	탑 탑		없을 무

가로와 세로는 사십 유순이리라. 모든 하늘천신과 사람들이
온갖 꽃과 가루향·사르는 향·바르는 향과 의복·영락·
깃발·보배 일산과 악기를 연주하고 노래함으로써
칠보로 된 아름다운 사리탑에 예배하고 공양하리라.

량	중	생		득	아	라	한	과
量	衆	生		得	阿	羅	漢	果
헤아릴 량	무리 중	날 생		얻을 득	언덕 아	새그물 라	한수 한	실과 과

무	량	중	생		오	벽	지	불
無	量	衆	生		悟	辟	支	佛
없을 무	헤아릴 량	무리 중	날 생		깨달을 오	임금 벽	지탱할 지	부처 불

불	가	사	의	중	생		발	보	리
不	可	思	議	衆	生		發	菩	提
아닐 불	가히 가	생각할 사	의논할 의	무리 중	날 생		필 발	보리 보	끌 제(리)

심		지	불	퇴	전		불	고	제
心		至	不	退	轉		佛	告	諸
마음 심		이를 지	아닐 불	물러날 퇴	구를 전		부처 불	알릴 고	모든 제

비	구		미	래	세	중		약	유
比	丘		未	來	世	中		若	有
견줄 비	언덕 구		아닐 미	올 래	세상 세	가운데 중		만약 약	있을 유

그리하여 한량없는 중생들이 아라한과를 얻으며 수없는 중생들이 벽지불도를 깨닫고, 생각으로 헤아릴 수 없이 많은 중생들이 보리심을 내어 불퇴전의 경지에 이르리라."
부처님께서 모든 비구들에게 이르시었다.
"앞으로 미래 세상 가운데 만일

제12 제바달다품

선	남	자	선	여	인		문	묘	법
善	男	子	善	女	人		聞	妙	法
착할 선	사내 남	아들 자	착할 선	여자 여	사람 인		들을 문	묘할 묘	법 법

화	경		제	바	달	다	품		정
華	經		提	婆	達	多	品		淨
꽃 화	경 경		끌 제	할미 파(바)	통달할 달	많을 다	가지 품		깨끗할 정

심	신	경		불	생	의	혹	자
心	信	敬		不	生	疑	惑	者
마음 심	믿을 신	공경할 경		아닐 불	날 생	의심할 의	미혹할 혹	놈 자

불	타	지	옥		아	귀	축	생
不	墮	地	獄		餓	鬼	畜	生
아닐 불	떨어질 타	땅 지	옥 옥		주릴 아	귀신 귀	기를 축	날 생

생	시	방	불	전		소	생	지	처
生	十	方	佛	前		所	生	之	處
날 생	열 십(시)	방위 방	부처 불	앞 전		바 소	날 생	어조사 지	곳 처

> 어떤 선남자 선여인이 묘법연화경의 〈제바달다품〉을 듣고는
> 청정한 마음으로 믿고 공경하며 의심하지 않는다면
> 지옥·아귀·축생의 삼악도에 떨어지지 않으리라. 뿐만 아니라
> 시방에 계시는 여러 부처님들 앞에 태어나되, 태어나는 곳에서

상	문	차	경		약	생	인	천	중
常	聞	此	經		若	生	人	天	中
항상상	들을문	이차	경경		만약약	날생	사람인	하늘천	가운데중

수	승	묘	락		약	재	불	전	
受	勝	妙	樂		若	在	佛	前	
받을수	수승할승	묘할묘	즐길락		만약약	있을재	부처불	앞전	

연	화	화	생		어	시	하	방	
蓮	華	化	生		於	時	下	方	
연꽃연	꽃화	화할화	날생		어조사어	때시	아래하	방위방	

다	보	세	존		소	종	보	살	
多	寶	世	尊		所	從	菩	薩	
많을다	보배보	세상세	높을존		바소	좇을종	보리보	보살살	

명	왈	지	적		백	다	보	불	
名	曰	智	積		白	多	寶	佛	
이름명	가로왈	슬기지	쌓을적		사뢸백	많을다	보배보	부처불	

> 항상 이 법화경을 들으리라. 만약 인간이나 하늘나라에 태어나면
> 수승한 즐거움을 누리게 될 것이고, 부처님 앞에 태어나게 되면 연꽃에 화생하리라."
> 이때 땅 아래 하방세계에서 다보세존을 따라온 보살들 가운데
> 지적보살이 다보 부처님께 여쭈었다.

당	환	본	토		석	가	모	니	불
當	還	本	土		釋	迦	牟	尼	佛
마땅히 당	돌아갈 환	근본 본	흙 토		풀 석	막을 가	소우는소리 모	여승 니	부처 불
고	지	적	왈		선	남	자		차
告	智	積	曰		善	男	子		且
알릴 고	슬기 지	쌓을 적	가로 왈		착할 선	사내 남	아들 자		또 차
대	수	유			차	유	보	살	명
待	須	臾			此	有	菩	薩	名
기다릴 대	잠깐 수	잠깐 유			이 차	있을 유	보리 보	보살 살	이름 명
문	수	사	리		가	여	상		견
文	殊	師	利		可	與	相		見
글월 문	뛰어날 수	스승 사	이로울 리		가히 가	더불어 여	서로 상		볼 견
논	설	묘	법		가	환	본		토
論	說	妙	法		可	還	本		土
의논할 논	말씀 설	묘할 묘	법 법		가히 가	돌아갈 환	근본 본		흙 토

> "이제 그만 마땅히 본국토로 돌아가셔야 되지 않겠습니까?"
> 그러자 석가모니 부처님께서 지적보살에게 이르시었다.
> "선남자여, 잠깐 기다려라! 여기 문수사리보살이 있는데,
> 서로 만나서 묘법에 대해 논설한 다음 본국토로 돌아가도록 하라."

이	시		문	수	사	리		좌	천
爾	時		文	殊	師	利		坐	千
그이	때시		글월문	뛰어날수	스승사	이로울리		앉을좌	일천천

엽	연	화		대	여	거	륜		구
葉	蓮	華		大	如	車	輪		俱
잎엽	연꽃연	꽃화		큰대	같을여	수레거	바퀴륜		함께구

래	보	살		역	좌	보	련	화
來	菩	薩		亦	坐	寶	蓮	華
올래	보리보	보살살		또역	앉을좌	보배보	연꽃련	꽃화

종	어	대	해		사	갈	라	용	궁
從	於	大	海		娑	竭	羅	龍	宮
좇을종	어조사어	큰대	바다해		춤출사	다할갈	새그물라	용용	집궁

자	연	용	출		주	허	공	중
自	然	涌	出		住	虛	空	中
스스로자	그러할연	솟을용	날출		머물주	빌허	빌공	가운데중

그때 문수사리보살은 수레바퀴만큼 커다란
천 개의 꽃잎으로 된 연꽃 위에 앉았고,
같이 따라온 보살들도 역시 보배연꽃 위에 앉은 채
큰 바다 속 사갈라 용궁으로부터 자연히 솟아나와 허공 속에 떠서 멈추었다.

예	영	취	산		종	연	화	하
詣	靈	鷲	山		從	蓮	華	下
이를 예	신령 영	독수리 취	뫼 산		좇을 종	연꽃 연	꽃 화	내릴 하

지	어	불	소		두	면	경	례
至	於	佛	所		頭	面	敬	禮
이를 지	어조사 어	부처 불	곳 소		머리 두	낯 면	공경할 경	예도 례

이	세	존	족		수	경	이	필
二	世	尊	足		修	敬	已	畢
두 이	세상 세	높을 존	발 족		닦을 수	공경할 경	마칠 이	마칠 필

왕	지	적	소		공	상	위	문
往	智	積	所		共	相	慰	問
갈 왕	슬기 지	쌓을 적	곳 소		함께 공	서로 상	위로할 위	물을 문

각	좌	일	면		지	적	보	살
却	坐	一	面		智	積	菩	薩
물러날 각	앉을 좌	한 일	방위 면		슬기 지	쌓을 적	보리 보	보살 살

이윽고 영취산에 이르자 연꽃 위에서 내려 부처님 계신 곳으로 나아가,
머리 숙여 다보 부처님과 석가모니 부처님 두 분 세존의 발에 절하였다.
예배를 마친 다음 문수사리보살은 지적보살이 있는 데로 가서, 서로 함께
안부를 물으며 인사를 나누고는 물러나 한쪽에 앉았다. 지적보살이

문	문	수	사	리		인	왕	용	궁
問	文	殊	師	利		仁	往	龍	宮
물을 문	글월 문	뛰어날 수	스승 사	이로울 리		어질 인	갈 왕	용 용	집 궁

소	화	중	생		기	수	기	하
所	化	衆	生		其	數	幾	何
바 소	화할 화	무리 중	날 생		그 기	셀 수	몇 기	어찌 하

문	수	사	리	언		기	수	무	량
文	殊	師	利	言		其	數	無	量
글월 문	뛰어날 수	스승 사	이로울 리	말씀 언		그 기	셀 수	없을 무	헤아릴 량

불	가	칭	계		비	구	소	선
不	可	稱	計		非	口	所	宣
아닐 불	가히 가	헤아릴 칭	셀 계		아닐 비	입 구	바 소	베풀 선

비	심	소	측		차	대	수	유
非	心	所	測		且	待	須	臾
아닐 비	마음 심	바 소	잴 측		또 차	기다릴 대	잠깐 수	잠깐 유

문수사리보살에게 물었다. "인자께서 용궁에 가서서 얼마나 많은 중생들을 교화하셨습니까?"
문수사리보살이 대답하였다.
"그 수는 한량이 없어서 가히 헤아릴 수가 없습니다. 입으로 말할 수 없을 뿐만 아니라
마음으로도 짐작할 수가 없답니다. 그러니 잠깐만 기다리십시오.

자	당	유	증		소	언	미	경
自	當	有	證		所	言	未	竟
스스로 자	마땅히 당	있을 유	증거 증		바 소	말씀 언	아닐 미	다할 경

무	수	보	살		좌	보	련	화
無	數	菩	薩		坐	寶	蓮	華
없을 무	셀 수	보리 보	보살 살		앉을 좌	보배 보	연꽃 련	꽃 화

종	해	용	출		예	영	취	산
從	海	涌	出		詣	靈	鷲	山
좇을 종	바다 해	솟을 용	날 출		이를 예	신령 영	독수리 취	뫼 산

주	재	허	공		차	제	보	살
住	在	虛	空		此	諸	菩	薩
머물 주	있을 재	빌 허	빌 공		이 차	모든 제	보리 보	보살 살

개	시	문	수	사	리	지	소	화	도
皆	是	文	殊	師	利	之	所	化	度
다 개	이 시	글월 문	뛰어날 수	스승 사	이로울 리	어조사 지	바 소	화할 화	건널 도

이제 저절로 증명이 되어 아시게 될 것입니다." 문수사리보살의 말이 미처
끝나기도 전에 무수한 보살들이 보배연꽃 위에 앉은 채 바다 속에서부터 솟아나왔다.
그리고 영취산으로 다가와 허공 가운데 떠 있거늘,
이들은 전부 다 문수사리보살이 교화하여 제도한 보살들이었다.

구	보	살	행		개	공	논	설
具	菩	薩	行		皆	共	論	說
갖출 구	보리 보	보살 살	행할 행		다 개	함께 공	의논할 논	말씀 설

육	바	라	밀		본	성	문	인
六	波	羅	蜜		本	聲	聞	人
여섯 육	물결 파(바)	새그물 라	꿀 밀		근본 본	소리 성	들을 문	사람 인

재	허	공	중		설	성	문	행
在	虛	空	中		說	聲	聞	行
있을 재	빌 허	빌 공	가운데 중		말씀 설	소리 성	들을 문	행할 행

금	개	수	행		대	승	공	의
今	皆	修	行		大	乘	空	義
이제 금	다 개	닦을 수	행할 행		큰 대	탈 승	빌 공	의미 의

문	수	사	리		위	지	적	왈
文	殊	師	利		謂	智	積	曰
글월 문	뛰어날 수	스승 사	이로울 리		이를 위	슬기 지	쌓을 적	가로 왈

이들은 보살행을 구족하고 모두 함께 육바라밀을 논설하였는데,
본래 성문이었던 사람들은 허공 속에서 성문 수행에 대해 말하기도 했지만
지금은 모두 대승의 공한 이치를 수행하고 있었다.
문수사리보살이 지적보살에게 일러 말하기를,

어	해	교	화		기	사	여	시
於	海	敎	化		其	事	如	是
어조사 어	바다 해	가르칠 교	화할 화		그 기	일 사	같을 여	이 시

이	시		지	적	보	살		이	게
爾	時		智	積	菩	薩		以	偈
그 이	때 시		슬기 지	쌓을 적	보리 보	보살 살		써 이	게송 게

찬	왈		대	지	덕	용	건		화
讚	曰		大	智	德	勇	健		化
칭찬할 찬	가로 왈		큰 대	슬기 지	덕 덕	날쌜 용	튼튼할 건		화할 화

도	무	량	중		금	차	제	대	회
度	無	量	衆		今	此	諸	大	會
건널 도	없을 무	헤아릴 량	무리 중		이제 금	이 차	모든 제	큰 대	모임 회

급	아	개	이	견		연	창	실	상
及	我	皆	已	見		演	暢	實	相
및 급	나 아	다 개	이미 이	볼 견		펼 연	펼 창	진실 실	모양 상

"바다 속에서 교화한 일이 이러합니다."
그때 지적보살이 게송으로써 찬탄하였다.
　　　큰 지혜와 높은 위덕 용맹스런 뜻으로 무량중생 교화하고 제도하신 일
　　　지금 이 모임에 있는 대중과 내가 이미 확인했나니, 실상의 뜻 펼치시어

의		개	천	일	승	법		광	도
義		開	闡	一	乘	法		廣	導
의미 의		열 개	열 천	한 일	탈 승	법 법		넓을 광	이끌 도

제	중	생		영	속	성	보	리
諸	衆	生		令	速	成	菩	提
모든 제	무리 중	날 생		하여금 영	빠를 속	이룰 성	보리 보	끌 제(리)

문	수	사	리	언		아	어	해	중
文	殊	師	利	言		我	於	海	中
글월 문	뛰어날 수	스승 사	이로울 리	말씀 언		나 아	어조사 어	바다 해	가운데 중

유	상	선	설		묘	법	화	경
唯	常	宣	說		妙	法	華	經
오직 유	항상 상	베풀 선	말씀 설		묘할 묘	법 법	꽃 화	경 경

지	적		문	문	수	사	리	언
智	積		問	文	殊	師	利	言
슬기 지	쌓을 적		물을 문	글월 문	뛰어날 수	스승 사	이로울 리	말씀 언

일승법을 열어 밝히시고 널리 모든 중생들 인도하사
 깨달음을 속히 이루게 하시었도다.
문수사리보살이 말하였다. "나는 바다 속에서 오직 항상 묘법연화경만 연설하여 가르쳤답니다."
지적보살이 문수사리보살에게 물었다.

차	경		심	심	미	묘		제	경
此	經		甚	深	微	妙		諸	經
이 차	경 경		심할 심	깊을 심	작을 미	묘할 묘		모든 제	경 경

중	보		세	소	희	유		파	유
中	寶		世	所	希	有		頗	有
가운데 중	보배 보		세상 세	바 소	드물 희	있을 유		자못 파	있을 유

중	생		근	가	정	진		수	행
衆	生		勤	加	精	進		修	行
무리 중	날 생		부지런할 근	더할 가	정미할 정	나아갈 진		닦을 수	행할 행

차	경		속	득	불	부		문	수
此	經		速	得	佛	不		文	殊
이 차	경 경		빠를 속	얻을 득	부처 불	아닐 부		글월 문	뛰어날 수

사	리	언		유	사	갈	라	용	왕
師	利	言		有	娑	竭	羅	龍	王
스승 사	이로울 리	말씀 언		있을 유	춤출 사	다할 갈	새그물 라	용 용	임금 왕

"이 경전은 매우 깊고 미묘하여, 모든 경전들 가운데 보배이자 세상에서 아주 희유한 바입니다. 그런데 과연 어떤 중생이든 부지런히 정진하며 이 법화경을 수행한다고 해서 정말로 빨리 성불할 수 있겠습니까?"
문수사리보살이 대답하였다. "사갈라 용왕의 딸이 하나 있는데,

녀		연	시	팔	세		지	혜	이
女		年	始	八	歲		智	慧	利
여자 녀		해 연	처음 시	여덟 팔	해 세		슬기 지	지혜 혜	날카로울 이
근		선	지	중	생		제	근	행
根		善	知	衆	生		諸	根	行
뿌리 근		착할 선	알 지	무리 중	날 생		모든 제	뿌리 근	행할 행
업		득	다	라	니		제	불	소
業		得	陀	羅	尼		諸	佛	所
업 업		얻을 득	비탈질 타(다)	새그물 라	여승 니		모든 제	부처 불	바 소
설		심	심	비	장		실	능	수
說		甚	深	秘	藏		悉	能	受
말씀 설		심할 심	깊을 심	숨길 비	감출 장		다 실	능할 능	받을 수
지		심	입	선	정		요	달	제
持		深	入	禪	定		了	達	諸
가질 지		깊을 심	들 입	고요할 선	선정 정		깨달을 요	통달할 달	모든 제

나이가 이제 겨우 여덟 살밖에 안 되었습니다. 하지만 지혜롭고 총명하여
중생들의 여러 근성과 행업에 대해 잘 알며, 다라니를 얻어 모든
부처님들께서 설하신 깊고 비밀한 법장까지 다 수지하여 외울 정도입니다.
게다가 선정에 깊이 들어 온갖 법에 대해서 밝게 통달하고 있습니다.

법		어	찰	나	경		발	보	리
法		於	刹	那	頃		發	菩	提
법 법		어조사 어	절 찰	어찌 나	잠깐 경		필 발	보리 보	끌 제(리)

심		득	불	퇴	전		변	재	무
心		得	不	退	轉		辯	才	無
마음 심		얻을 득	아닐 불	물러날 퇴	구를 전		말잘할 변	재주 재	없을 무

애		자	념	중	생		유	여	적
礙		慈	念	衆	生		猶	如	赤
거리낄 애		사랑할 자	생각할 념	무리 중	날 생		같을 유	같을 여	붉을 적

자		공	덕	구	족		심	념	구
子		功	德	具	足		心	念	口
아들 자		공 공	덕 덕	갖출 구	족할 족		마음 심	생각할 념	입 구

연		미	묘	광	대		자	비	인
演		微	妙	廣	大		慈	悲	仁
펼 연		작을 미	묘할 묘	넓을 광	큰 대		사랑할 자	슬플 비	어질 인

또한 순간 찰나에 보리심을 내어 불퇴전의 경지를 얻었고,
변재가 걸림 없으며 중생을 갓난아이 보살피듯 자비롭게 사랑합니다.
공덕이 구족하여 마음으로 생각하고 입으로 말하는 것이 넓고 미묘하며
광대할 뿐만 아니라 자비롭고 어질며 겸허하기 그지없습니다.

양		지	의	화	아		능	지	보
讓		志	意	和	雅		能	至	菩
사양할 양		뜻 지	뜻 의	화평할 화	우아할 아		능할 능	이를 지	보리 보
리		지	적	보	살	언		아	견
提		智	積	菩	薩	言		我	見
끌 제(리)		슬기 지	쌓을 적	보리 보	보살 살	말씀 언		나 아	볼 견
석	가	여	래		어	무	량	겁	
釋	迦	如	來		於	無	量	劫	
풀 석	막을 가	같을 여	올 래		어조사 어	없을 무	헤아릴 량	겁 겁	
난	행	고	행		적	공	누	덕	
難	行	苦	行		積	功	累	德	
어려울 난	행할 행	괴로울 고	행할 행		쌓을 적	공 공	쌓을 누	덕 덕	
구	보	리	도		미	증	지	식	
求	菩	提	道		未	曾	止	息	
구할 구	보리 보	끌 제(리)	길 도		아닐 미	일찍 증	그칠 지	쉴 식	

마음먹고 생각하는 것이 온화하고 우아하여, 능히 깨달음에 도달할 만합니다."
지적보살이 말하였다. "내 생각하건대, 석가여래께서도 한량없이 오랜 겁 동안
어렵고 힘든 고행을 수행하셨소이다. 그래서 많은 공덕을 쌓아 보리도를 구하셨으니,
일찍이 한 번도 공덕 쌓는 것을 소홀히 한 적이 없으셨습니다.

관	삼	천	대	천	세	계		내	지
觀	三	千	大	千	世	界		乃	至
볼관	석 삼	일천 천	큰 대	일천 천	세상 세	지경 계		이에 내	이를 지

무	유		여	개	자	허		비	시
無	有		如	芥	子	許		非	是
없을 무	있을 유		같을 여	겨자 개	씨 자	허락할 허		아닐 비	이 시

보	살		사	신	명	처		위	중
菩	薩		捨	身	命	處		爲	衆
보리 보	보살 살		버릴 사	몸 신	목숨 명	곳 처		위할 위	무리 중

생	고		연	후		내	득	성	보
生	故		然	後		乃	得	成	菩
날 생	연고 고		그러할 연	뒤 후		이에 내	얻을 득	이룰 성	보리 보

리	도		불	신	차	녀		어	수
提	道		不	信	此	女		於	須
끌 제(리)	길 도		아닐 불	믿을 신	이 차	여자 녀		어조사 어	잠깐 수

오죽하면 삼천대천의 온 세계를 살펴볼 때, 전생의 석가 여래께서 중생을 위해
목숨을 바치지 않았던 곳이 단 겨자씨만큼도 없을 정도였겠습니까?
석가모니 부처님께서도 그렇게 하신 후에야 깨달음을 이루셨거늘,
한낱 용녀 따위가 잠깐 사이에

유	경		변	성	정	각		언	론
臾	頃		便	成	正	覺		言	論
잠깐 유	잠깐 경		문득 변	이룰 성	바를 정	깨달을 각		말씀 언	의논할 론

미	흘		시	용	왕	녀		홀	현
未	訖		時	龍	王	女		忽	現
아닐 미	이를 흘		때 시	용 용	임금 왕	여자 녀		문득 홀	나타날 현

어	전		두	면	예	경		각	주
於	前		頭	面	禮	敬		却	住
어조사 어	앞 전		머리 두	낯 면	예도 예	공경할 경		물러날 각	머물 주

일	면		이	게	찬	왈		심	달
一	面		以	偈	讚	曰		深	達
한 일	방위 면		써 이	게송 게	칭찬할 찬	가로 왈		깊을 심	통달할 달

죄	복	상		변	조	어	시	방
罪	福	相		遍	照	於	十	方
허물 죄	복 복	모양 상		두루 편(변)	비출 조	어조사 어	열 십(시)	방위 방

문득 정각을 이룬다는 말은 도무지 믿어지지가 않습니다."
지적보살이 말을 채 맺기도 전에 용왕의 딸이 홀연히 부처님 앞에 나타났다.
그녀는 부처님께 머리 숙여 공손히 절하고, 한쪽으로 물러나 게송으로써 부처님을 찬탄하였다.
　　　죄와 복의 모양 깊이 통달하여 시방세계 두루 비추시며

미	묘	정	법	신		구	상	삼	십
微	妙	淨	法	身		具	相	三	十
작을미	묘할묘	깨끗할정	법법	몸신		갖출구	모양상	석삼	열십

이		이	팔	십	종	호		용	장
二		以	八	十	種	好		用	莊
두이		써이	여덟팔	열십	종류종	좋을호		쓸용	꾸밀장

엄	법	신		천	인	소	대	앙
嚴	法	身		天	人	所	戴	仰
엄할엄	법법	몸신		하늘천	사람인	바소	일대	우러를앙

용	신	함	공	경		일	체	중	생
龍	神	咸	恭	敬		一	切	衆	生
용용	귀신신	다함	공손할공	공경할경		한일	모두체	무리중	날생

류		무	부	종	봉	자		우	문
類		無	不	宗	奉	者		又	聞
무리류		없을무	아닐부	높을종	받들봉	놈자		또우	들을문

> 미묘한 청정 법신에 삼십이상 갖추시고
> 팔십종호로써 법신을 장엄하시니, 하늘천신과 사람들이
> 우러러 받들고 용과 귀신들도 모두 공경하오며
> 일체 중생 무리들 높이 받들지 않는 자 아무도 없나이다.

성	보	리		유	불	당	증	지
成	菩	提		唯	佛	當	證	知
이룰 성	보리 보	끝 제(리)		오직 유	부처 불	마땅히 당	증득할 증	알 지

아	천	대	승	교		도	탈	고	중
我	闡	大	乘	教		度	脫	苦	衆
나 아	열 천	큰 대	탈 승	가르침 교		건널 도	벗을 탈	괴로울 고	무리 중

생		시	사	리	불		어	용	녀
生		時	舍	利	弗		語	龍	女
날 생		때 시	집 사	이로울 리	아닐 불		말씀 어	용 용	여자 녀

언		여	위	불	구		득	무	상
言		汝	謂	不	久		得	無	上
말씀 언		너 여	이를 위	아닐 불	오랠 구		얻을 득	없을 무	위 상

도		시	사	난	신		소	이	자
道		是	事	難	信		所	以	者
길 도		이 시	일 사	어려울 난	믿을 신		바 소	써 이	놈 자

또 설법 듣고서 깨달음 얻을 것을 오직 부처님께서만은 마땅히 증명하시리니,
저도 역시 대승의 가르침 열어서 고통 받는 중생들을 제도하오리다.
이때 사리불이 용녀에게 말하였다.
"네가 수행한 지 얼마 안 되어 위없이 높은 도를 얻는다는 것은 참으로 믿기 어려운 일이다.

하		여	신	구	예		비	시	법
何		女	身	垢	穢		非	是	法
어찌 하		여자 여	몸 신	때 구	더러울 예		아닐 비	이 시	법 법
기		운	하	능	득		무	상	보
器		云	何	能	得		無	上	菩
그릇 기		이를 운	어찌 하	능할 능	얻을 득		없을 무	위 상	보리 보
리		불	도	현	광		경	무	량
提		佛	道	懸	曠		經	無	量
끌 제(리)		부처 불	길 도	멀 현	멀 광		지날 경	없을 무	헤아릴 량
겁		근	고	적	행		구	수	제
劫		勤	苦	積	行		具	修	諸
겁 겁		부지런할 근	괴로울 고	쌓을 적	행할 행		갖출 구	닦을 수	모든 제
도		연	후	내	성		우	여	인
度		然	後	乃	成		又	女	人
건널 도		그러할 연	뒤 후	이에 내	이룰 성		또 우	여자 여	사람 인

왜냐하면 여자의 몸은 때 끼고 더러워서 법의 그릇이 아니기 때문이다.
그런데 어떻게 네가 능히 위없이 높은 깨달음을 얻을 수 있단 말이냐?
부처님 되는 길은 멀고멀어서 한량없는 겁이 흐르도록 부지런히 고행을 쌓고,
모든 바라밀을 구족히 닦고 난 다음에야 겨우 성취되는 법이다.

신		유	유	오	장		일	자	
身		猶	有	五	障		一	者	
몸 신		오히려 유	있을 유	다섯 오	막을 장		한 일	놈 자	

부	득	작	범	천	왕		이	자	제
不	得	作	梵	天	王		二	者	帝
아닐 부	얻을 득	지을 작	하늘 범	하늘 천	임금 왕		두 이	놈 자	임금 제

석		삼	자	마	왕		사	자	전
釋		三	者	魔	王		四	者	轉
풀 석		석 삼	놈 자	마귀 마	임금 왕		넉 사	놈 자	구를 전

륜	성	왕		오	자	불	신		운
輪	聖	王		五	者	佛	身		云
바퀴 륜	성인 성	임금 왕		다섯 오	놈 자	부처 불	몸 신		이를 운

하	여	신		속	득	성	불		이
何	女	身		速	得	成	佛		爾
어찌 하	여자 여	몸 신		빠를 속	얻을 득	이룰 성	부처 불		그 이

또 여인의 몸에는 다섯 가지 장애가 있지 않느냐? 말하자면
첫째, 범천왕이 되지 못하며 둘째, 제석이 되지 못하고 셋째, 마왕이 되지 못하며
넷째, 전륜성왕이 되지 못하고 다섯째, 부처님이 되지 못하는 법이니라.
그런데 어찌하여 여자의 몸으로 속히 성불할 수 있단 말이더냐?"

시	용	녀		유	일	보	주		가
時	龍	女		有	一	寶	珠		價
때 시	용 용	여자 녀		있을 유	한 일	보배 보	구슬 주		값 가

치	삼	천	대	천	세	계		지	이
直	三	千	大	千	世	界		持	以
값 치	석 삼	일천 천	큰 대	일천 천	세상 세	지경 계		가질 지	써 이

상	불		불	즉	수	지		용	녀
上	佛		佛	卽	受	之		龍	女
올릴 상	부처 불		부처 불	곧 즉	받을 수	어조사 지		용 용	여자 녀

위	지	적	보	살		존	자	사	리
謂	智	積	菩	薩		尊	者	舍	利
이를 위	슬기 지	쌓을 적	보리 보	보살 살		높을 존	놈 자	집 사	이로울 리

불	언		아	헌	보	주		세	존
弗	言		我	獻	寶	珠		世	尊
아닐 불	말씀 언		나 아	바칠 헌	보배 보	구슬 주		세상 세	높을 존

그때 용녀는 보배구슬을 하나 가지고 있었는데, 삼천대천의 온 세계에 상당할 만큼 어마어마하게 값나가는 것이었다. 그것을 가져다가 부처님께 올리니 부처님께서 이내 받으셨다. 그러자 용녀가 지적보살과 사리불 존자에게 말하였다.
"제가 보배구슬을 드리자

납	수		시	사	질	부		답	언
納	受		是	事	疾	不		答	言
들일 납	받을 수		이 시	일 사	빠를 질	아닐 부		대답할 답	말씀 언

심	질		여	언		이	여	신	력
甚	疾		女	言		以	汝	神	力
심할 심	빠를 질		여자 여	말씀 언		써 이	너 여	신통할 신	힘 력

관	아	성	불		부	속	어	차
觀	我	成	佛		復	速	於	此
볼 관	나 아	이룰 성	부처 불		다시 부	빠를 속	어조사 어	이 차

당	시	중	회		개	견	용	녀
當	時	衆	會		皆	見	龍	女
마땅히 당	때 시	무리 중	모임 회		다 개	볼 견	용 용	여자 녀

홀	연	지	간		변	성	남	자
忽	然	之	間		變	成	男	子
문득 홀	그러할 연	어조사 지	사이 간		변할 변	이룰 성	사내 남	아들 자

> 세존께서 받으셨거늘, 이 일이 빠릅니까 더딥니까?"
> 지적보살과 사리불이 대답하되, "아주 빠르도다!"
> 용녀가 말하였다. "여러분의 신통력으로써 이제 제가 성불하는 것을 똑바로 보십시오. 이보다 더 빠를 것입니다."
> 당시 모인 대중들이 다 용녀를 바라보자, 잠깐 사이에 남자로 변하여

구	보	살	행		즉	왕	남	방
具	菩	薩	行		卽	往	南	方
갖출 구	보리 보	보살 살	행할 행		곧 즉	갈 왕	남녘 남	방위 방

무	구	세	계		좌	보	련	화
無	垢	世	界		坐	寶	蓮	華
없을 무	때 구	세상 세	지경 계		앉을 좌	보배 보	연꽃 련	꽃 화

성	등	정	각		삼	십	이	상
成	等	正	覺		三	十	二	相
이룰 성	같을 등	바를 정	깨달을 각		석 삼	열 십	두 이	모양 상

팔	십	종	호		보	위	시	방
八	十	種	好		普	爲	十	方
여덟 팔	열 십	종류 종	좋을 호		널리 보	위할 위	열 십(시)	방위 방

일	체	중	생		연	설	묘	법
一	切	衆	生		演	說	妙	法
한 일	모두 체	무리 중	날 생		펼 연	말씀 설	묘할 묘	법 법

보살행을 구족하였다. 이윽고 남방의 무구세계로 가서
보배연꽃 위에 앉아 등정각을 이루더니,
삼십이상과 팔십종호를 갖추고 널리 시방
일체 중생들을 위하여 묘법을 연설하는 것이었다.

이	시		사	바	세	계		보	살
爾	時		娑	婆	世	界		菩	薩
그 이	때 시		춤출 사	할미 파(바)	세상 세	지경 계		보리 보	보살 살
성	문		천	룡	팔	부		인	여
聲	聞		天	龍	八	部		人	與
소리 성	들을 문		하늘 천	용 룡	여덟 팔	나눌 부		사람 인	더불어 여
비	인		개	요	견	피		용	녀
非	人		皆	遙	見	彼		龍	女
아닐 비	사람 인		다 개	멀 요	볼 견	저 피		용 용	여자 녀
성	불		보	위	시	회		인	천
成	佛		普	爲	時	會		人	天
이룰 성	부처 불		널리 보	위할 위	때 시	모일 회		사람 인	하늘 천
설	법		심	대	환	희		실	요
說	法		心	大	歡	喜		悉	遙
말씀 설	법 법		마음 심	큰 대	기쁠 환	기쁠 희		다 실	멀 요

그때 사바세계의 보살과 성문들 그리고 하늘천신과 용 등
팔부신중의 사람인 듯하면서 아닌 이들은 전부 멀리서 용녀가 성불하여,
당시 무구세계에 모인 사람과 하늘천신들을 위해 널리 설법하는 것을 보았다.
그들은 모두 마음으로 크게 환희하여

경	례		무	량	중	생		문	법
敬	禮		無	量	眾	生		聞	法
공경할 경	예도 례		없을 무	헤아릴 량	무리 중	날 생		들을 문	법 법

해	오		득	불	퇴	전		무	량
解	悟		得	不	退	轉		無	量
풀 해	깨달을 오		얻을 득	아닐 불	물러날 퇴	구를 전		없을 무	헤아릴 량

중	생		득	수	도	기		무	구
眾	生		得	受	道	記		無	垢
무리 중	날 생		얻을 득	받을 수	길 도	기록할 기		없을 무	때 구

세	계		육	반	진	동		사	바
世	界		六	反	震	動		娑	婆
세상 세	지경 계		여섯 육	돌이킬 반	진동할 진	움직일 동		춤출 사	할미 파(바)

세	계		삼	천	중	생		주	불
世	界		三	千	眾	生		住	不
세상 세	지경 계		석 삼	일천 천	무리 중	날 생		머물 주	아닐 불

하염없이 바라보며 공손히 예배드렸다.
무구세계의 한량없는 중생들은 법을 듣고 깨달아서 불퇴전의 경지를 얻었으며,
또 한량없는 중생들이 불도의 수기를 받자 무구세계가 여섯 가지로 진동하며 움직였다.
그리고 삼천 명의 사바세계 중생들도

퇴	지		삼	천	중	생		발	보
退	地		三	千	衆	生		發	菩
물러날 퇴	땅 지		석 삼	일천 천	무리 중	날 생		필 발	보리 보
리	심		이	득	수	기		지	적
提	心		而	得	受	記		智	積
끌 제(리)	마음 심		말 이을 이	얻을 득	받을 수	기록할 기		슬기 지	쌓을 적
보	살		급	사	리	불		일	체
菩	薩		及	舍	利	弗		一	切
보리 보	보살 살		및 급	집 사	이로울 리	아닐 불		한 일	모두 체
중	회		묵	연	신	수			
衆	會		默	然	信	受			
무리 중	모임 회		묵묵할 묵	그러할 연	믿을 신	받을 수			

불퇴전의 경지에 머물게 되었고,
다른 삼천 명의 중생들은 보리심을 내어 수기를 받았다.
이에 지적보살과 사리불 그리고 일체 대중들은
용녀의 성불을 잠자코 인정하며 받아들일 수밖에 없었다.

제	십	삼	권	지	품			
第	十	三	勸	持	品			
차례 제	열 십	석 삼	권할 권	가질 지	가지 품			

이	시		약	왕	보	살	마	하	살
爾	時		藥	王	菩	薩	摩	訶	薩
그 이	때 시		약 약	임금 왕	보리 보	보살 살	갈 마	꾸짖을 가(하)	보살 살

급	대	요	설	보	살	마	하	살	
及	大	樂	說	菩	薩	摩	訶	薩	
및 급	큰 대	좋아할 요	말씀 설	보리 보	보살 살	갈 마	꾸짖을 가(하)	보살 살	

여	이	만	보	살	권	속	구		개
與	二	萬	菩	薩	眷	屬	俱		皆
더불어 여	두 이	일만 만	보리 보	보살 살	돌아볼 권	무리 속	함께 구		다 개

어	불	전	작	시	서	언		유
於	佛	前	作	是	誓	言		唯
어조사 어	부처 불	앞 전	지을 작	이 시	맹세할 서	말씀 언		오직 유

제13 권지품

그때 약왕 보살마하살과 대요설 보살마하살은
이만 명의 보살들과 함께 부처님 앞에서
모두 이렇게 맹세하였다.

원	세	존		불	이	위	려	아
願	世	尊		不	以	爲	慮	我
원할 원	세상 세	높을 존		아닐 불	써 이	할 위	근심할 려	나 아

등		어	불	멸	후		당	봉	지
等		於	佛	滅	後		當	奉	持
무리 등		어조사 어	부처 불	멸할 멸	뒤 후		마땅히 당	받들 봉	가질 지

독	송		설	차	경	전		후	악
讀	誦		說	此	經	典		後	惡
읽을 독	외울 송		말씀 설	이 차	경 경	법 전		뒤 후	악할 악

세	중	생		선	근	전	소		다
世	衆	生		善	根	轉	少		多
세상 세	무리 중	날 생		착할 선	뿌리 근	구를 전	적을 소		많을 다

증	상	만		탐	리	공	양		증
增	上	慢		貪	利	供	養		增
더할 증	위 상	거만할 만		탐할 탐	이로울 리	이바지할 공	기를 양		더할 증

"부디 세존이시여, 너무 염려하지 마시옵소서!
부처님께서 열반하신 후 저희들이 마땅히 이 경전을 받들어 지니고 읽고 외우며 설하겠나이다.
후세의 오탁악세 중생들은 선근이 점점 줄어들어, 깨닫지 못하고도 깨달은 체하는
교만한 자들이 많을 것입니다. 게다가 이익과 공양을 탐내니

불	선	근		원	리	해	탈		수
不	善	根		遠	離	解	脫		雖
아닐 불	착할 선	뿌리 근		멀 원	떠날 리	풀 해	벗을 탈		비록 수

난	가	교	화		아	등		당	기
難	可	敎	化		我	等		當	起
어려울 난	가히 가	가르칠 교	화할 화		나 아	무리 등		마땅히 당	일어날 기

대	인	력		독	송	차	경		지
大	忍	力		讀	誦	此	經		持
큰 대	참을 인	힘 력		읽을 독	외울 송	이 차	경 경		가질 지

설	서	사		종	종	공	양		불
說	書	寫		種	種	供	養		不
말씀 설	쓸 서	베낄 사		종류 종	종류 종	이바지할 공	기를 양		아닐 불

석	신	명		이	시	중	중		오
惜	身	命		爾	時	衆	中		五
아낄 석	몸 신	목숨 명		그 이	때 시	무리 중	가운데 중		다섯 오

나쁜 근본만 자꾸 쌓여 해탈에서 더욱 멀어지게 될 것입니다. 그래서 비록 그들을
교화하기가 어렵다 할지라도, 그럴수록 저희들은 마땅히 인욕의 힘을 크게 일으키겠습니다.
그리하여 이 경을 독송하여 지니고 해설하며 베껴 쓰고 여러 가지로 공양하는 데
결코 목숨을 아끼지 않겠나이다." 그때 대중 속에서

백	아	라	한		득	수	기	자	
百	阿	羅	漢		得	受	記	者	
일백 백	언덕 아	새그물 라	한수 한		얻을 득	받을 수	기록할 기	놈 자	

백	불	언		세	존		아	등	
白	佛	言		世	尊		我	等	
사뢸 백	부처 불	말씀 언		세상 세	높을 존		나 아	무리 등	

역	자	서	원		어	이	국	토	
亦	自	誓	願		於	異	國	土	
또 역	스스로 자	맹세할 서	원할 원		어조사 어	다를 이	나라 국	흙 토	

광	설	차	경		부	유	학	무	학
廣	說	此	經		復	有	學	無	學
넓을 광	말씀 설	이 차	경 경		다시 부	있을 유	배울 학	없을 무	배울 학

팔	천	인		득	수	기	자		종
八	千	人		得	受	記	者		從
여덟 팔	일천 천	사람 인		얻을 득	받을 수	기록할 기	놈 자		좇을 종

앞서 수기 받았던 오백 명의 아라한들이 부처님께 사뢰었다.
"세존이시여! 저희들도 이 법문 펼칠 것을 스스로 서원합니다.
그러나 사바세계 말고 다른 세계에 가서 널리 이 법화경을 설하겠나이다."
또 수기 받았던 팔천 명의 유학인과 무학인들이

좌	이	기		합	장	향	불		작
座	而	起		合	掌	向	佛		作
자리 좌	말 이을 이	일어날 기		합할 합	손바닥 장	향할 향	부처 불		지을 작

시	서	언		세	존		아	등
是	誓	言		世	尊		我	等
이 시	맹세할 서	말씀 언		세상 세	높을 존		나 아	무리 등

역	당	어	타	국	토		광	설	차
亦	當	於	他	國	土		廣	說	此
또 역	마땅히 당	어조사 어	다를 타	나라 국	흙 토		넓을 광	말씀 설	이 차

경		소	이	자	하		시	사	바
經		所	以	者	何		是	娑	婆
경 경		바 소	써 이	놈 자	어찌 하		이 시	춤출 사	할미 파 (바)

국	중		인	다	폐	악		회	증
國	中		人	多	弊	惡		懷	增
나라 국	가운데 중		사람 인	많을 다	해질 폐	악할 악		품을 회	더할 증

자리에서 일어나 합장하고 부처님을 향해 이렇게 맹세하였다.
"세존이시여! 저희들도 또한 마땅히 사바세계 말고
다른 세계에서 널리 이 경을 설하겠나이다. 왜냐하면
이 사바세계 사람들은 타락해서 사악한 이가 많으며,

상	만		공	덕	천	박		진	탁
上	慢		功	德	淺	薄		瞋	濁
위 상	거만할 만		공 공	덕 덕	얕을 천	엷을 박		성낼 진	흐릴 탁

첨	곡		심	부	실	고		이	시
諂	曲		心	不	實	故		爾	時
아첨할 첨	굽을 곡		마음 심	아닐 부	진실 실	연고 고		그 이	때 시

불	이	모		마	하	파	사	파	제
佛	姨	母		摩	訶	波	闍	波	提
부처 불	이모 이	어미 모		갈 마	꾸짖을 가(하)	물결 파	화장할 사	물결 파	끌 제

비	구	니		여	학	무	학	비	구
比	丘	尼		與	學	無	學	比	丘
견줄 비	언덕 구	여승 니		더불어 여	배울 학	없을 무	배울 학	견줄 비	언덕 구

니		육	천	인	구		종	좌	이
尼		六	千	人	俱		從	座	而
여승 니		여섯 육	일천 천	사람 인	함께 구		좇을 종	자리 좌	말이을 이

> 깨닫지 못하고도 깨달은 체하기가 일쑤입니다. 또 공덕이 얕고 천박해서
> 성질을 잘 내고 정신까지 흐리멍덩한 데다, 아첨하기나 좋아하고 교묘하여
> 마음도 진실하지 못하기 때문입니다." 그때 부처님의 이모인
> 마하파사파제 비구니는 육천 명의 유학·무학 비구니들과 함께 자리에서 일어나

기		일	심	합	장		첨	앙	존
起		一	心	合	掌		瞻	仰	尊
일어날 기		한 일	마음 심	합할 합	손바닥 장		볼 첨	우러를 앙	높을 존

안		목	부	잠	사		어	시	세
顔		目	不	暫	捨		於	時	世
얼굴 안		눈 목	아닐 부	잠시 잠	버릴 사		어조사 어	때 시	세상 세

존		고	교	담	미		하	고	우
尊		告	憍	曇	彌		何	故	憂
높을 존		알릴 고	교만할 교	흐릴 담	두루찰 미		어찌 하	연고 고	근심할 우

색		이	시	여	래		여	심	장
色		而	視	如	來		汝	心	將
빛 색		말이을 이	볼 시	같을 여	올 래		너 여	마음 심	장차 장

무	위		아	불	설	여	명		수
無	謂		我	不	說	汝	名		授
없을 무	이를 위		나 아	아닐 불	말씀 설	너 여	이름 명		줄 수

일심으로 합장한 채, 부처님의 거룩하신 얼굴을 우러러 잠시도 눈을 깜빡이지 아니하였다.
그러자 세존께서 교담미 비구니에게 이르시었다.
"무슨 까닭에 그렇게 근심스런 얼굴로 여래를 보는가?
그대 생각에 내가 그대의 이름을 부르며

아	뇩	다	라	삼	먁	삼	보	리	기
阿	耨	多	羅	三	藐	三	菩	提	記
언덕 아	김맬 누(녹)	많을 다	새그물 라	석 삼	아득할 막(먁)	석 삼	보리 보	끝 제(리)	기록할 기

야		교	담	미		아	선	총	설
耶		憍	曇	彌		我	先	總	說
어조사 야		교만할 교	흐릴 담	두루찰 미		나 아	먼저 선	거느릴 총	말씀 설

일	체	성	문	개	이	수	기		
一	切	聲	聞	皆	已	授	記		
한 일	모두 체	소리 성	들을 문	다 개	이미 이	줄 수	기록할 기		

금	여	욕	지	기	자		장	래	지
今	汝	欲	知	記	者		將	來	之
이제 금	너 여	하고자할 욕	알 지	기록할 기	놈 자		장차 장	올 래	어조사 지

세		당	어	육	만	팔	천	억	
世		當	於	六	萬	八	千	億	
세상 세		마땅히 당	어조사 어	여섯 육	일만 만	여덟 팔	일천 천	억 억	

아뇩다라삼먁삼보리의 수기를 주지 않아서인가? 하지만 교담미여,
내가 앞서 모든 성문들에게 한꺼번에 이미 다 수기를 주지 않았던가?
그런데도 이제 그대의 수기만 따로 분명히 알고자 한다면 잘 들어라.
그대는 장차 미래 세상에 마땅히 육만팔천억의

제	불	법	중		위	대	법	사	
諸	佛	法	中		爲	大	法	師	
모든 제	부처 불	법 법	가운데 중		할 위	큰 대	법 법	스승 사	
급	육	천			학	무	학	비	구	니
及	六	千			學	無	學	比	丘	尼
및 급	여섯 육	일천 천			배울 학	없을 무	배울 학	견줄 비	언덕 구	여승 니
구	위	법	사		여	여	시	점	점
俱	爲	法	師		汝	如	是	漸	漸
함께 구	할 위	법 법	스승 사		너 여	같을 여	이 시	점점 점	점점 점
구	보	살	도		당	득	작	불
具	菩	薩	道		當	得	作	佛
갖출 구	보리 보	보살 살	길 도		마땅히 당	얻을 득	지을 작	부처 불
호	일	체	중	생	희	견	여	래
號	一	切	衆	生	喜	見	如	來
이름 호	한 일	모두 체	무리 중	날 생	기쁠 희	볼 견	같을 여	올 래

여러 부처님 법 가운데에서 대법사가 되리라.
그리고 나머지 육천 명의 유학·무학 비구니들도 그대와 함께 법사가 되리라.
그대는 이런 식으로 해서 점점 보살도를 갖추어 마땅히 성불하리니,
부처님 이름은 일체중생희견여래·

응	공		정	변	지		명	행	족
應	供		正	遍	知		明	行	足
응당히 응	이바지할 공		바를 정	두루 편(변)	알 지		밝을 명	행할 행	족할 족

선	서		세	간	해		무	상	사
善	逝		世	間	解		無	上	士
착할 선	갈 서		세상 세	사이 간	풀 해		없을 무	위 상	선비 사

조	어	장	부		천	인	사		불
調	御	丈	夫		天	人	師		佛
고를 조	길들일 어	어른 장	사나이 부		하늘 천	사람 인	스승 사		부처 불

세	존		교	담	미		시	일	체
世	尊		憍	曇	彌		是	一	切
세상 세	높을 존		교만할 교	흐릴 담	두루찰 미		이 시	한 일	모두 체

중	생	희	견	불		급	육	천	보
衆	生	喜	見	佛		及	六	千	菩
무리 중	날 생	기쁠 희	볼 견	부처 불		및 급	여섯 육	일천 천	보리 보

응공·정변지·명행족·선서·세간해·
무상사·조어장부·천인사·불세존이니라.
교담미여!
일체중생희견 부처님과 육천 명의 보살들은

살		전	차	수	기		득	아	뇩
薩		轉	次	授	記		得	阿	耨
보살 살		구를 전	버금 차	줄 수	기록할 기		얻을 득	언덕 아	김맬 누(뇩)

다	라	삼	먁	삼	보	리		이	시
多	羅	三	藐	三	菩	提		爾	時
많을 다	새그물 라	석 삼	아득할 먁(먁)	석 삼	보리 보	끌 제(리)		그 이	때 시

라	후	라	모		야	수	다	라	비
羅	睺	羅	母		耶	輸	陀	羅	比
새그물 라	애꾸눈 후	새그물 라	어미 모		어조사 야	나를 수	비탈질 타(다)	새그물 라	견줄 비

구	니		작	시	념		세	존	
丘	尼		作	是	念		世	尊	
언덕 구	여승 니		지을 작	이 시	생각 념		세상 세	높을 존	

어	수	기	중		독	불	설	아	명
於	授	記	中		獨	不	說	我	名
어조사 어	줄 수	기록할 기	가운데 중		홀로 독	아닐 불	말씀 설	나 아	이름 명

차례차례 서로 수기를 주어 아뇩다라삼먁삼보리를 얻으리라."
그때 라후라의 어머니인 야수다라 비구니가 이렇게 생각하였다.
'세존께서 딴 사람은 다 수기를 주시면서,
어찌 내 이름만 언급하지 않으시는 걸까?'

불	고	야	수	다	라		여	어	내
佛	告	耶	輸	陀	羅		汝	於	來
부처 불	알릴 고	어조사 야	나를 수	비탈질 타(다)	새그물 라		너 여	어조사 어	올 내

세		백	천	만	억		제	불	법
世		百	千	萬	億		諸	佛	法
세상 세		일백 백	일천 천	일만 만	억 억		모든 제	부처 불	법 법

중		수	보	살	행		위	대	법
中		修	菩	薩	行		爲	大	法
가운데 중		닦을 수	보리 보	보살 살	행할 행		할 위	큰 대	법 법

사		점	구	불	도		어	선	국
師		漸	具	佛	道		於	善	國
스승 사		점점 점	갖출 구	부처 불	길 도		어조사 어	착할 선	나라 국

중		당	득	작	불		호	구	족
中		當	得	作	佛		號	具	足
가운데 중		마땅히 당	얻을 득	지을 작	부처 불		이름 호	갖출 구	족할 족

부처님께서 야수다라 비구니에게 이르시었다.
"그대도 앞으로 오는 세상에 백천만억의 여러 부처님 법 가운데에서
보살행을 닦아 대법사가 되리라. 이렇게 점점 불도를 완성해 나아가
선국세계에서 마땅히 성불하리니, 부처님 이름은

천	만	광	상	여	래		응	공
千	萬	光	相	如	來		應	供
일천 천	일만 만	빛 광	모양 상	같을 여	올 래		응당히 응	이바지할 공

정	변	지		명	행	족		선	서
正	遍	知		明	行	足		善	逝
바를 정	두루 편(변)	알 지		밝을 명	행할 행	족할 족		착할 선	갈 서

세	간	해		무	상	사		조	어
世	間	解		無	上	士		調	御
세상 세	사이 간	풀 해		없을 무	위 상	선비 사		고를 조	길들일 어

장	부		천	인	사		불	세	존
丈	夫		天	人	師		佛	世	尊
어른 장	사나이 부		하늘 천	사람 인	스승 사		부처 불	세상 세	높을 존

불	수		무	량	아	승	기	겁
佛	壽		無	量	阿	僧	祇	劫
부처 불	목숨 수		없을 무	헤아릴 량	언덕 아	중 승	토지신 기	겁 겁

구족천만광상여래・응공・정변지・명행족・선서・
세간해・무상사・조어장부・천인사・불세존이니라.
그리고 부처님의 수명은
한량없는 아승기 겁의 오랜 세월이 되리라."

이	시		마	하	파	사	파	제	비
爾	時		摩	訶	波	闍	波	提	比
그이	때시		갈마	꾸짖을 가(하)	물결 파	화장할 사	물결 파	끌 제	견줄 비

구	니		급	야	수	다	라	비	구
丘	尼		及	耶	輸	陀	羅	比	丘
언덕 구	여승 니		및 급	어조사 야	나를 수	비탈질 타(다)	새그물 라	견줄 비	언덕 구

니		병	기	권	속		개	대	환
尼		幷	其	眷	屬		皆	大	歡
여승 니		아우를 병	그 기	돌아볼 권	무리 속		다 개	큰 대	기쁠 환

희		득	미	증	유		즉	어	불
喜		得	未	曾	有		卽	於	佛
기쁠 희		얻을 득	아닐 미	일찍 증	있을 유		곧 즉	어조사 어	부처 불

전		이	설	게	언		세	존	도
前		而	說	偈	言		世	尊	導
앞 전		말이을 이	말씀 설	게송 게	말씀 언		세상 세	높을 존	이끌 도

그때 마하파사파제 비구니와 야수다라 비구니 그리고 그 권속들은
모두 크게 환희하여 일찍이 없던 희유함을 느꼈다.
그리하여 부처님 앞에서 즉시 게송으로 사뢰었다.
　　세존 대도사께옵서는

사		안	은	천	인		아	등	문
師		安	隱	天	人		我	等	聞
스승 사		편안할 안	편안할 은	하늘 천	사람 인		나 아	무리 등	들을 문
기		심	안	구	족		제	비	구
記		心	安	具	足		諸	比	丘
기록할 기		마음 심	편안할 안	갖출 구	족할 족		모든 제	견줄 비	언덕 구
니		설	시	게	이		백	불	언
尼		說	是	偈	已		白	佛	言
여승 니		말씀 설	이 시	게송 게	마칠 이		사뢸 백	부처 불	말씀 언
세	존	아	등		역	능	어	타	방
世	尊	我	等		亦	能	於	他	方
세상 세	높을 존	나 아	무리 등		또 역	능할 능	어조사 어	다를 타	방위 방
국	토		광	선	차	경		이	시
國	土		廣	宣	此	經		爾	時
나라 국	흙 토		넓을 광	베풀 선	이 차	경 경		그 이	때 시

하늘천신과 사람들을 안락하게 하시나니, 저희들 이제
수기 듣사옵고 마음이 매우 편안하오며 흡족합니다.
이 게송을 마치고 나서 비구니들은 다시 부처님께 사뢰었다.
"세존이시여! 저희들도 능히 사바세계 말고 다른 세계에서 널리 이 법화경을 펼치겠나이다!"

세	존		시	팔	십	만	억		나
世	尊		視	八	十	萬	億		那
세상 세	높을 존		볼 시	여덟 팔	열 십	일만 만	억 억		어찌 나

유	타		제	보	살	마	하		살
由	他		諸	菩	薩	摩	訶		薩
말미암을 유	다를 타		모든 제	보리 보	보살 살	갈 마	꾸짖을 가(하)		보살 살

시	제	보	살		개	시	아	유	월
是	諸	菩	薩		皆	是	阿	惟	越
이 시	모든 제	보리 보	보살 살		다 개	이 시	언덕 아	생각할 유	넘을 월

치		전	불	퇴	법	륜		득	제
致		轉	不	退	法	輪		得	諸
이를 치		구를 전	아닐 불	물러날 퇴	법 법	바퀴 륜		얻을 득	모든 제

다	라	니		즉	종	좌	기		지
陀	羅	尼		卽	從	座	起		至
비탈질 타(다)	새그물 라	여승 니		곧 즉	좇을 종	자리 좌	일어날 기		이를 지

> 그때 세존께서 팔십만억 나유타 여러 보살마하살들을 바라보셨다.
> 그 많은 보살들은 전부 아유월치 보살로서,
> 이미 불퇴전 법륜을 굴리며 각종 다라니를 얻은 상태였다.
> 그 보살들은 곧 자리에서 일어나

어	불	전		일	심	합	장	이
於	佛	前		一	心	合	掌	而
어조사 어	부처 불	앞 전		한 일	마음 심	합할 합	손바닥 장	말이을 이

작	시	념		약	세	존		고	칙
作	是	念		若	世	尊		告	勅
지을 작	이 시	생각 념		만약 약	세상 세	높을 존		알릴 고	신칙할 칙

아	등		지	설	차	경	자	당
我	等		持	說	此	經	者	當
나 아	무리 등		가질 지	말씀 설	이 차	경 경	놈 자	마땅히 당

여	불	교		광	선	사	법	부
如	佛	敎		廣	宣	斯	法	復
같을 여	부처 불	가르침 교		넓을 광	베풀 선	이 사	법 법	다시 부

작	시	념		불	금	묵	연	불
作	是	念		佛	今	黙	然	不
지을 작	이 시	생각 념		부처 불	이제 금	묵묵할 묵	그러할 연	아닐 불

부처님 앞으로 나아가 일심으로 합장하며 이렇게 생각하였다.
'만약 세존께서 우리들에게 이 법화경을 잘 간직하여 연설하라고 분부하신다면,
마땅히 부처님 가르침대로 널리 이 법을 펼치련만……'
그리고 다시 또 이렇게 생각하였다. '부처님께서 지금 침묵하신 채

견	고	칙		아	당	운	하		시
見	告	勅		我	當	云	何		時
볼 견	알릴 고	신칙할 칙		나 아	마땅히 당	이를 운	어찌 하		때 시

제	보	살		경	순	불	의		병
諸	菩	薩		敬	順	佛	意		幷
모든 제	보리 보	보살 살		공경할 경	순할 순	부처 불	뜻 의		아우를 병

욕	자	만	본	원		변	어	불	전
欲	自	滿	本	願		便	於	佛	前
하고자할 욕	스스로 자	찰 만	근본 본	원할 원		문득 변	어조사 어	부처 불	앞 전

작	사	자	후		이	발	서	언	
作	師	子	吼		而	發	誓	言	
지을 작	스승 사	아들 자	울 후		말이을 이	필 발	맹세할 서	말씀 언	

세	존	아	등		어	여	래	멸	후
世	尊	我	等		於	如	來	滅	後
세상 세	높을 존	나 아	무리 등		어조사 어	같을 여	올 래	멸할 멸	뒤 후

아무 분부도 내리지 않으시니, 우리들은 마땅히 어찌해야 좋은가?'
이윽고 당시 모든 보살들은 부처님 뜻을 공손히 따르는 동시에 스스로 자신의
근본 서원도 만족시키고자, 문득 부처님 앞에서 사자의 울부짖음처럼 우렁차게 맹세하였다.
"세존이시여! 저희들도 여래께서 열반하신 후

주	선	왕	반		시	방	세	계	
周	旋	往	返		十	方	世	界	
두루 주	돌 선	갈 왕	돌아올 반		열 십(시)	방위 방	세상 세	지경 계	
능	령	중	생		서	사	차	경	
能	令	衆	生		書	寫	此	經	
능할 능	하여금 령	무리 중	날 생		쓸 서	베낄 사	이 차	경 경	
수	지	독	송		해	설	기	의	
受	持	讀	誦		解	說	其	義	
받을 수	가질 지	읽을 독	외울 송		풀 해	말씀 설	그 기	의미 의	
여	법	수	행		정	억	념		개
如	法	修	行		正	憶	念		皆
같을 여	법 법	닦을 수	행할 행		바를 정	생각할 억	생각할 념		다 개
시	불	지	위	력		유	원	세	존
是	佛	之	威	力		唯	願	世	尊
이 시	부처 불	어조사 지	위엄 위	힘 력		오직 유	원할 원	세상 세	높을 존

시방세계에 두루 다니면서, 능히 중생들로 하여금 이 경전을 베껴 쓰고
받아 지니며 읽고 외우고 그 뜻을 해설하도록 하겠습니다.
그뿐만 아니라 경전의 가르침대로 수행하며 바르게 기억하도록 하겠습니다.
하지만 이 모든 것은 바로 부처님의 위신력으로 하는 것이니, 오직 원컨대 세존께서는

재	어	타	방		요	견	수	호
在	於	他	方		遙	見	守	護
있을 재	어조사 어	다를 타	방위 방		멀 요	볼 견	지킬 수	보호할 호

즉	시	제	보	살	구	동	발	성
卽	時	諸	菩	薩	俱	同	發	聲
곧 즉	때 시	모든 제	보리 보	보살 살	함께 구	한가지 동	필 발	소리 성

이	설	게	언		유	원	불	위	려
而	說	偈	言		唯	願	不	爲	慮
말 이을 이	말씀 설	게송 게	말씀 언		오직 유	원할 원	아닐 불	할 위	근심할 려

어	불	멸	도	후	공	포	악	세
於	佛	滅	度	後	恐	怖	惡	世
어조사 어	부처 불	멸할 멸	건널 도	뒤 후	두려울 공	두려워할 포	악할 악	세상 세

중		아	등	당	광	설		유	제
中		我	等	當	廣	說		有	諸
가운데 중		나 아	무리 등	마땅히 당	넓을 광	말씀 설		있을 유	모든 제

설사 다른 곳에 계시더라도 멀리서 보시며 수호하여 주시옵소서!"
즉시 모든 보살들은 다 함께 소리 내어 게송으로 사뢰었다.
　　부디 너무 염려하지 마시옵소서! 부처님 열반하신 뒤
　　두렵고 험한 오탁악세에서 저희들이 마땅히 이 경을 널리 설하오리다.

무	지	인		악	구	매	리	등	
無	智	人		惡	口	罵	詈	等	
없을 무	슬기 지	사람 인		악할 악	입 구	욕할 매	꾸짖을 리	무리 등	

급	가	도	장	자		아	등	개	당
及	加	刀	杖	者		我	等	皆	當
및 급	더할 가	칼 도	지팡이 장	놈 자		나 아	무리 등	다 개	마땅히 당

인		악	세	중	비	구		사	지
忍		惡	世	中	比	丘		邪	智
참을 인		악할 악	세상 세	가운데 중	견줄 비	언덕 구		간사할 사	슬기 지

심	첨	곡		미	득	위	위	득	
心	諂	曲		未	得	謂	爲	得	
마음 심	아첨할 첨	굽을 곡		아닐 미	얻을 득	이를 위	할 위	얻을 득	

아	만	심	충	만		혹	유	아	련
我	慢	心	充	滿		或	有	阿	練
나 아	거만할 만	마음 심	찰 충	찰 만		혹 혹	있을 유	언덕 아	익힐 련

> 어떤 어리석은 사람들이 나쁜 말로 욕하고 꾸짖으며 칼과 몽둥이로
> 내리치더라도 저희들 모두 당연히 참으오리다. 말법의 오탁악세 비구들은
> 삿된 지혜로 마음이 사특하고 비뚤어져 얻지 못한 것을 얻었다 하며
> 아만심만 가득하나니, 어떤 비구는 조용한 숲 속 암자에서

야		남	의	재	공	한		자	위
若		納	衣	在	空	閑		自	謂
같을 약(야)		옷기울 납	옷 의	있을 재	빌 공	한가할 한		스스로 자	이를 위

행	진	도		경	천	인	간	자
行	眞	道		輕	賤	人	間	者
행할 행	참 진	길 도		가벼울 경	천할 천	사람 인	사이 간	놈 자

탐	착	이	양	고		여	백	의	설
貪	著	利	養	故		與	白	衣	說
탐할 탐	잡을 착	이로울 이	기를 양	연고 고		더불어 여	흰 백	옷 의	말씀 설

법		위	세	소	공	경		여	육
法		爲	世	所	恭	敬		如	六
법 법		할 위	세상 세	바 소	공손할 공	공경할 경		같을 여	여섯 육

통	나	한		시	인	회	악	심
通	羅	漢		是	人	懷	惡	心
통할 통	새그물 나	한수 한		이 시	사람 인	품을 회	악할 악	마음 심

누더기 입고 외딴 곳에 지내는 것으로 참된 도를 닦고 있다 착각하여
다른 사람들을 잔뜩 업신여기고, 또는 이익만 탐착하여
속인에게나 설법하되 세상에서 공경 받기를 육신통 얻은
아라한이라도 된 듯하거니와, 이런 비구들은 나쁜 마음먹고

제13 권지품

상	념	세	속	사		가	명	아	련
常	念	世	俗	事		假	名	阿	練
항상상	생각할념	세상세	풍속속	일사		거짓가	이름명	언덕아	익힐련

야		호	출	아	등	과		이	작
若		好	出	我	等	過		而	作
같을 약(야)		좋을호	날출	나아	무리등	허물과		말이을이	지을작

여	시	언		차	제	비	구	등	
如	是	言		此	諸	比	丘	等	
같을여	이시	말씀언		이차	모든제	견줄비	언덕구	무리등	

위	탐	이	양	고		설	외	도	논
爲	貪	利	養	故		說	外	道	論
할위	탐할탐	이로울이	기를양	연고고		말씀설	바깥외	길도	의논할논

의	자	작	차	경	전		광	혹
議	自	作	此	經	典		誑	惑
의논할의	스스로자	지을작	이차	경경	법전		속일광	미혹할혹

항상 세속 일만 생각하면서도 조용한 숲 속 암자에
거짓으로 틀어박혀서 저희들의 허물이나 들춰내기 좋아해 말하기를,
'저 비구들은 이익만 탐내서
외도 학설 지껄여대며 직접 경전까지 지어내

세	간	인		위	구	명	문	고
世	間	人		爲	求	名	聞	故
세상 세	사이 간	사람 인		위할 위	구할 구	이름 명	들을 문	연고 고

분	별	어	시	경		상	재	대	중
分	別	於	是	經		常	在	大	衆
나눌 분	나눌 별	어조사 어	이 시	경 경		항상 상	있을 재	큰 대	무리 중

중		욕	훼	아	등	고		향	국
中		欲	毀	我	等	故		向	國
가운데 중		하고자할 욕	헐 훼	나 아	무리 등	연고 고		향할 향	나라 국

왕	대	신		바	라	문	거	사
王	大	臣		婆	羅	門	居	士
임금 왕	큰 대	신하 신		할미 파(바)	새그물 라	문 문	살 거	선비 사

급	여	비	구	중		비	방	설	아
及	餘	比	丘	衆		誹	謗	說	我
및 급	남을 여	견줄 비	언덕 구	무리 중		헐뜯을 비	헐뜯을 방	말씀 설	나 아

세상 사람들을 속이고 미혹케 하니,
이름 내기 위해서 저런 경전을 분별하도다.'
그래서 늘 대중 가운데서 훼방코자 하여 국왕·대신·바라문·거사들과
나머지 다른 비구들에게도 저희들을 나쁘다고 비방하며 말하되,

악		위	시	사	견	인		설	외
惡		謂	是	邪	見	人		說	外
악할 악		이를 위	이 시	간사할 사	볼 견	사람 인		말씀 설	바깥 외

도	논	의		아	등	경	불	고
道	論	議		我	等	敬	佛	故
길 도	의논할 논	의논할 의		나 아	무리 등	공경할 경	부처 불	연고 고

실	인	시	제	악		위	사	소	경
悉	忍	是	諸	惡		爲	斯	所	輕
다 실	참을 인	이 시	모든 제	악할 악		할 위	이 사	바 소	가벼울 경

언		여	등	개	시	불		여	차
言		汝	等	皆	是	佛		如	此
말씀 언		너 여	무리 등	다 개	이 시	부처 불		같을 여	이 차

경	만	언		개	당	인	수	지
輕	慢	言		皆	當	忍	受	之
가벼울 경	거만할 만	말씀 언		다 개	마땅히 당	참을 인	받을 수	어조사 지

'사견을 가진 사람들이라서 외도의 학설이나 지껄여댄답니다.'
이리 하여도 부처님을 공경하기에 그 못된 짓들 다 참으오리다.
또 아예 가벼이 여겨 말하기를, '오냐, 너희들이 진짜 다 부처로구나!'
이처럼 업신여기며 빈정대는 말투도 마땅히 죄다 참고 감수하오리다.

탁	겁	악	세	중		다	유	제	공
濁	劫	惡	世	中		多	有	諸	恐
흐릴탁	겁겁	악할악	세상세	가운데중		많을다	있을유	모든제	두려울공
포		악	귀	입	기	신		매	리
怖		惡	鬼	入	其	身		罵	詈
두려워할포		악할악	귀신귀	들입	그기	몸신		욕할매	꾸짖을리
훼	욕	아		아	등	경	신	불	
毀	辱	我		我	等	敬	信	佛	
헐훼	욕될욕	나아		나아	무리등	공경할경	믿을신	부처불	
당	착	인	욕	개		위	설	시	경
當	著	忍	辱	鎧		爲	說	是	經
마땅히당	입을착	참을인	욕될욕	갑옷개		위할위	말씀설	이시	경경
고		인	차	제	난	사		아	불
故		忍	此	諸	難	事		我	不
연고고		참을인	이차	모든제	어려울난	일사		나아	아닐불

무서운 일 허다한 오탁악세 험한 시절에 악귀라도 지핀 듯이 사나운 이들
모진 말로 욕하며 꾸짖고 헐뜯더라도 부처님 공경하고 믿기에
인욕의 갑옷을 입으리다. 이 법화경을 설하기 위해
저희들은 그 모든 어려운 일들 끝까지 참으며

애	신	명		단	석	무	상	도
愛	身	命		但	惜	無	上	道
사랑 애	몸 신	목숨 명		다만 단	아낄 석	없을 무	위 상	길 도

아	등	어	내	세		호	지	불	소
我	等	於	來	世		護	持	佛	所
나 아	무리 등	어조사 어	올 내	세상 세		보호할 호	가질 지	부처 불	바 소

촉		세	존	자	당	지		탁	세
囑		世	尊	自	當	知		濁	世
부탁할 촉		세상 세	높을 존	스스로 자	마땅히 당	알 지		흐릴 탁	세상 세

악	비	구		부	지	불	방	편
惡	比	丘		不	知	佛	方	便
악할 악	견줄 비	언덕 구		아닐 부	알 지	부처 불	처방 방	편할 편

수	의	소	설	법		악	구	이	빈
隨	宜	所	說	法		惡	口	而	顰
따를 수	마땅할 의	바 소	말씀 설	법 법		악할 악	입 구	말이을 이	찡그릴 빈

위없이 높은 진리를 목숨보다 더 소중히 아껴서
앞으로 부처님 부촉을 잘 지키고 간직하오리다.
세존께서도 의당 스스로 아시되 오탁악세의 그릇된 비구들은
부처님께서 방편으로 근기에 맞게 설법하셨던 내용을 몰라서, 욕설하고 빈축거리며

축		삭	삭	견	빈	출		원	리
蹙		數	數	見	擯	出		遠	離
찡그릴 축		자주 삭	자주 삭	볼 견	물리칠 빈	날 출		멀 원	떠날 리

어	탑	사		여	시	등	중	악	
於	塔	寺		如	是	等	衆	惡	
어조사 어	탑 탑	절 사		같을 여	이 시	무리 등	무리 중	악할 악	

염	불	고	칙	고		개	당	인	시
念	佛	告	勅	故		皆	當	忍	是
생각할 염	부처 불	알릴 고	신칙할 칙	연고 고		다 개	마땅히 당	참을 인	이 시

사		제	취	락	성	읍		기	유
事		諸	聚	落	城	邑		其	有
일 사		모든 제	마을 취	촌락 락	성 성	고을 읍		그 기	있을 유

구	법	자		아	개	도	기	소	
求	法	者		我	皆	到	其	所	
구할 구	법 법	놈 자		나 아	다 개	이를 도	그 기	곳 소	

툭하면 저희들 쫓아내나니 할 수 없이 절에서 멀리
추방당하게 되더라도 그와 같이 억울한 일조차 부처님 분부 생각하고
모두 마땅히 참으오리다. 어떤 마을이든 도시나 시골에서
법을 구하는 사람이 있다면 어디든 그 처소에 가서

설	불	소	촉	법		아	시	세	존
說	佛	所	囑	法		我	是	世	尊
말씀 설	부처 불	바 소	부탁할 촉	법 법		나 아	이 시	세상 세	높을 존

사		처	중	무	소	외		아	당
使		處	衆	無	所	畏		我	當
부릴 사		곳 처	무리 중	없을 무	바 소	두려워할 외		나 아	마땅히 당

선	설	법		원	불	안	은	주
善	說	法		願	佛	安	隱	住
착할 선	말씀 설	법 법		원할 원	부처 불	편안할 안	편안할 은	머물 주

아	어	세	존	전		제	래	시	방
我	於	世	尊	前		諸	來	十	方
나 아	어조사 어	세상 세	높을 존	앞 전		모든 제	올 래	열 십(시)	방위 방

불		발	여	시	서	언		불	자
佛		發	如	是	誓	言		佛	自
부처 불		필 발	같을 여	이 시	맹세할 서	말씀 언		부처 불	스스로 자

> 부처님께서 부촉하신 법을 설하오리다.
> 저희들은 세존의 심부름꾼으로 대중 속에서도 두려움 없이
> 마땅히 잘 설법하리니 부처님 제발 걱정 마시고 편안히 계시옵소서!
> 저희들은 석가세존과 시방에서 오신 많은 부처님들 앞에 이와 같이 맹세하옵나니

지	아	심							
知	我	心							
알지	나아	마음심							

누구보다 부처님께서 저희들 마음 잘 아시오리다.

혜조惠照 스님

공주사대 독어과 졸업 후 출가.
봉녕사 강원 졸업.
동국대학교 대학원 박사과정 수료.
대한불교조계종 총무원 문화국장 역임.
저서 및 논문으로『우리말 법화삼부경』,『우리말 법화경 사경』(전5권),『행복을 부르는 법화경 사경』(전7권),『운명을 바꾸는 법화경 사경』(전7권),『독송용 우리말 법화경』,『너를 위해 밝혀둔 작은 램프 하나』(시집),『엉겅퀴 붉은 향』(시집),「연기법에 의한 공사상과 중도론 연구」(논문) 등이 있다.

행복을 부르는 법화경 사경 4

발행일 2024년 7월 15일
옮긴이 혜조 | 펴낸이 김시열
펴낸곳 도서출판 운주사
　　　(02832) 서울시 성북구 동소문로 67-1 성심빌딩 3층
　　　전화 (02) 926-8361 | 팩스 (0505) 115-8361
ISBN 978-89-5746-791-6　03220　값 10,000원
http://cafe.daum.net/unjubooks (다음 카페: 도서출판 운주사)